Harry E. Stanton

Die Kraft der Phantasie aktiv nutzen

Innenbilder als Weg zur Lösung alltäglicher Probleme

Aus dem Englischen übersetzt von
Hans-Jörg Hautkappe

Quint essenz

Anschrift des Autors:
Dr. Harry E. Stanton
University of Tasmania, Box 252 C G.P.O.
Hobart, Tasmania 7001
Australia

Herausgeber der deutschen Ausgabe:
Dr. Hans-Christian Kossak
Katholische Beratungsstelle für
Erziehungs- und Familienfragen
Ostermannstr. 32
44789 Bochum

Anschrift des Übersetzers:
Dipl.-Psych. Hans-Jörg Hautkappe
Max-Stromeyerstr. 9
78467 Kostanz

Lektorat: Dipl.-Psych. Martina Gast-Gampe

Titel der englischen Originalausgabe, erschienen bei William Collins Pty Ltd.: The Fantasy Factor. Using your imagination to solve everyday problems. © Harry E. Stanton, 1985

Die Deutsche Bibliothek – CIP-Einheitsaufnahme

Stanton, Harry E.:
Die Kraft der Phantasie aktiv nutzen : Innenbilder als Weg zur Lösung
alltäglicher Probleme / Harry E. Stanton. Aus dem Engl. übers.
von Hans-Jörg Hautkappe. – Berlin ; München : Quintessenz, 1994
Einheitssacht.: The fantasy factor <dt.>
ISBN 3-86128-219-4

Umschlag (Reihenentwurf): Dieter Vollendorf, München
Herstellung: Christa Neukirchinger, München
Satz: Stefan Granzow, München
Druck und Bindung: Schauenburg Graphische Betriebe, Schwanau-Allmannsweier
Printed in Germany

ISBN 3-86128-219-4
Verlagsbestellnummer 5219

Widmung

Für meine Familie – die Quelle
meiner wunderschönsten Phantasien

Inhalt

Vorwort des Herausgebers

Phantasien und Innenbilder sind die ständigen Begleiter unseres Lebens. Sie bestimmen mit, ob wir zuversichtlich oder ängstlich auf ein Ereignis zugehen; sie beflügeln unsere Kreativität und sind der Antriebsmotor des Künstlers. Gleichzeitig können Innenbilder uns blockieren und so den Depressiven subjektiv und objektiv handlungsunfähig machen.

Phantasien und Innenbilder sind somit zentrale Schaltstellen bei der Entstehung und Aufrechterhaltung von seelischen Problemen und Erkrankungen, gleichzeitig auch bei deren Therapie. Moderne Psychotherapierichtungen haben deshalb den gezielten Umgang mit Imaginationen zu einem wesentlichen Bestandteil ihres Methodenspektrums entwickelt, so z.B. die kognitive Verhaltenstherapie, Rational-Emotive Therapie, Neuro-Linguistisches Programmieren und besonders Hypnose in ihren verschiedenen Anwendungsformen.

Dr. Harry Stanton war mir seit langem als Vertreter dieser vorgenannten Methoden bekannt. Er baut auf einer klaren wissenschaftlichen Basis auf und vermittelt sein Wissen und Können äußerst praxis- und lebensnah. Aus seinen zahlreichen Veröffentlichungen wird immer wieder deutlich, daß er Menschen helfen will, sich kompetenter und sicherer in ihren privaten und beruflichen Fähigkeiten zu fühlen und dadurch wieder Erfolg in ihren Bereichen zu erlangen, sei es zum Streßabbau, zur Angstbewältigung oder beim Älterwerden.

Wir lernten uns auf dem 11th International Congress of Hypnosis and Psychosomatic Medicine 1988 in Den Haag persönlich kennen. Dr. Harry Stantons Flexibilität im Umgang mit psychologisch-therapeutischen Methoden war genauso beeindruckend wie seine sehr offene und menschlich warme Art, mit diesen Methoden im Therapiegespräch umzugehen. Meinen Vorschlag zu einer Zusammenarbeit griff er spontan begeistert auf und es entwickelte sich ein produktiver Austausch, der zur deutschsprachigen Veröffentlichungen des vorliegenden Buches führte, das in Australien bereits sehr bekannt ist.

Dr. Harry Stanton breitet hier seinen immensen Erfahrungsschatz im Umgang mit Imaginationen aus und vermittelt ihn sehr lebensnah.

Er stellt die handlungsorientierten Praxisvorschläge in den Vordergrund und bietet für unterschiedliche Lesergruppen Interessantes: Therapie- und Hypnosefachleute unterschiedlichen theoretischen Hintergrundes finden hier mannigfaltige Anregungen für ihre Behandlungen. Patienten können das Buch sogar als Begleitmanual zur Therapie nutzen, Betroffene sich kreativ Impulse für den Umgang mit ihren störenden Imaginationen holen.

Durch Hervorhebungen und Unterlegungen wird die Arbeit mit dem Buch erleichtert, um so auch beim Lesen dem Umgang mit den eigenen Innenbildern mehr Raum zu geben.

Bochum, im März 1994 *Hans-Christian Kossak*

1 Einführung

Sie wissen mehr, als Sie zu wissen glauben

In dem Buch „The Healing Factor: a guide to positive health“ (1981) erwähnte ich, daß es bei weitem nicht ausreicht, sich über Methoden zur erfolgreicheren Gestaltung unseres Lebens zu informieren. Wir wissen nämlich schon, wie es geht. Unser Problem ist nur, daß wir diese Informationen nicht verwenden.

Ein Grund hierfür mag eine gewisse Faulheit sein. Es ist viel einfacher, nur über etwas zu sprechen oder an etwas zu denken, als es wirklich auch zu tun. Oft wissen wir vielleicht auch gar nicht, daß wir die nötigen Informationen bereits haben.

Eine Reihe direkter Fragen kann uns Klarheit verschaffen. Fragen Sie sich zuerst: „Was habe ich?“ und dann: „Was will ich?“ Wenn die Antworten sich nicht voneinander unterscheiden, haben Sie keine Schwierigkeiten – ist es jedoch der Fall, haben Ihnen die Fragen dabei geholfen, Ihr Problem zu erkennen.

Als nächstes folgt eine ausgesprochen wichtige Frage: „Was hält mich davon ab, zu bekommen was ich will?“ Wenn sich ein eindeutiges Hindernis ausmachen läßt, fragen Sie dann: „Was muß ich tun, um es zu überwinden?“

Wenn Sie so angegangen werden, lassen sich viele anscheinend unlösbare Probleme plötzlich bewältigen. Wir erkennen, daß wir über die notwendigen Ressourcen verfügen, um das Gewünschte zu erreichen. Die Fragen helfen uns, den Nebel zu lichten, mit dem wir nur allzu leicht unsere Schwierigkeiten umhüllen, und klar die notwendigen Schritte zu identifizieren. In vielen Fällen stellt sich auch heraus, daß die Antwort auf die Frage: ‚Was hält mich davon ab?“ „Nichts!“ lautet.

Vielleicht bin ich selber der einzige, der mir im Wege steht, weil ich mir immer wieder sage, daß ich etwas nicht tun kann, bevor ich überhaupt herausgefunden habe, ob dies der Wahrheit entspricht.

Ein Gewichtheber, mit dem ich vor einigen Jahren arbeitete, gibt hier ein gutes Beispiel ab. Nennen wir ihn einfach Gary Jones (im ganzen Buch bediene ich mich fiktiver Namen, um die Anonymität der Betroffenen zu wahren). Lange Zeit hielt man Gary für fähig, eine Medaille bei den Olympischen Spielen zu gewinnen. Über 19 Monate hinweg gelang es ihm jedoch nicht, seine Leistungen zu verbessern.

In unserer ersten Sitzung bat ich Gary darum, sich vorzustellen, er würde bei den Australischen Meisterschaften antreten. Er sah die Zuschauer, die Bühne und seine Konkurrenten, er hörte das Raunen der Menge und das Aufschlagen der Gewichte auf der Plattform. Er fühlte die Hantelstange in seinen Händen und nahm sogar den typischen Geruch wahr, der in Sporthallen herrscht. Sobald er sich in diese Situation versetzt hatte, schlug ich ihm vor, daß er die Hantel einfach heben sollte, ohne bewußt das Gewicht festzulegen. Sein Unbewußtes würde ihm diese Information liefern, weil es seine Fähigkeiten „kannte", auch wenn Gary sich auf bewußter Ebene nicht darüber im Klaren war. Später würde er dann in die Sporthalle gehen, und das in seiner Vorstellung bewältigte Gewicht auch tatsächlich heben können.

Gary stellte sich also vor, die Hantel zu heben, und erzählte mir nicht, wieviel Kilogramm aufgelegt waren – ich fragte ihn auch gar nicht danach. Etwa eine Stunde später rief er an, um mir zu erzählen, daß er 12 Kilo mehr als je zuvor gehoben hatte. Offensichtlich war er schon immer dazu fähig gewesen. Er hatte aber das Gewicht, das er normalerweise hob, mental als seine Maximalleistung eingestuft, und deshalb jedes höhere Gewicht als unmöglich angesehen.

Wir handeln in Übereinstimmung mit dem, was wir uns selbst sagen.

Wendy Grant brachte es nicht fertig, sich endlich an ihre Schreibmaschine zu setzen und die Artikel zu schreiben, die sie als Journalistin produzieren mußte. Sie hatte einfach „keine richtige Lust" dazu. Indem sie sich selbst dies sagte, blockierte sie Ihr Handeln. Schließlich stellte sie sich vor, zur Schreibmaschine zu gehen, sich hinzusetzen, ihre Notizen neben sich auf den Tisch zu legen, die Hände zur Tastatur zu bewegen und das erforderliche Material zu produzieren. Sobald sie sich dieses Verhalten vorgestellt hatte, hatte sie keine Schwierigkeiten, diese „Aktivitäten" zu kopieren und tatsächlich die nötige Arbeit zu verrichten. Wendy wußte also die ganze Zeit, was zu tun war.

Barry Turnbull wußte es auch. Als er in der Bücherei, in der er arbeitete, ein Buch aus einem hohen Regal holte, überdehnte er sich das Rückgrat. Ich schlug vor, er solle Farbvorstellungen verwenden, um den Heilungsprozeß zu beschleunigen. Zunächst sollte er sich die verletzte Körperregion vorstellen und einschätzen, welche Farbe sie hatte. Dann sollte er dasselbe für eine gesunde Körperstelle tun und mental die Verletzungsfarbe durch die gesunde Farbe ersetzen. Barry meinte, daß er sich keine Farbe für seine Verletzung vorstellen könnte. Dennoch antwortete er auf meine direkte Frage: „Wenn es hier farbig wäre, wie sähe es aus?" – „ … oh … , bräunlich."

In allen drei Fällen wußten die Betreffenden mehr, als Sie zu wissen glaubten. Durch den Gebrauch Ihrer Phantasie gelang es Ihnen, Ihr verborgenes Wissen nutzbar zu machen und sich selbst zu helfen. Mit solchen Erfahrungen befaßt sich dieses Buch. Es beschreibt viele Wege, wie man die Phantasie zur Lösung seiner Probleme verwenden kann. Ich will jedoch betonen, daß es viele Wege sind und nicht ein einziger, richtiger Weg, der von jedem verfolgt werden sollte.

Probieren Sie einfach die verschiedenen Techniken aus, ohne sich selbst unter Druck zu setzen. Ungeduld wird Ihnen nicht weiterhelfen und es bringt auch nichts, wenn Sie sich zu irgendetwas zwingen. Sehen Sie es von der vergnüglichen Seite und lassen Sie Ihrer Phantasie freien Lauf.

Seien Sie Ihr eigener Therapeut

In dem Buch „The Mind Game" berichtet Torrey (1972) von therapeutischen Prozessen, wie man sie in einer Reihe verschiedener Kulturen findet. Seine Schlußfolgerung lautet, daß in jeglicher therapeutischen Beziehung stets vier Faktoren wirksam sind.

Die vier Faktoren der therapeutischen Beziehung (Torres, 1972):

1. Gemeinsame Weltsicht von Patient und Therapeut
2. Therapeut verhält sich warm, authentisch und akzeptierend und kann Sachverhalte vom Standpunkt des Patienten her betrachten
3. Erwartung eines positiven Ausgangs der Therapie
4. Anwendung einer bestimmten Heilmethode

Der erste Faktor ist die gemeinsame Weltsicht von Patient und Therapeut. Alles, was den Patienten beunruhigt, wird auch vom Therapeuten so klassifiziert und benannt, wie der Patient es akzeptieren kann. Auf diese Weise ist der erste Schritt zur Heilung getan, denn das beunruhigende Moment wurde identifiziert. Interessanterweise ist es vollkommen gleichgültig, ob die eigentliche Benennung korrekt oder inkorrekt ist. Der Patient sollte lediglich einen Sinn darin sehen. Ein Medizinmann kann also das Problem auf einen bösen Geist zurückführen, der von der Seele des Patienten Besitz ergriffen hat, während ein moderner Psychiater von einem Kindheitstrauma spricht.

Auf diese Weise hilft die Benennung der Krankheit, den Patienten zu beruhigen und gleichzeitig zufriedenzustellen. Torreys zweiter Faktor trägt ebenfalls dazu bei, daß sich der Patient besser fühlt. Dies wird dadurch erzielt, daß der Therapeut warm, authentisch und akzeptierend auftritt und Dinge vom Standpunkt des Patienten her betrachten kann. Diese Haltung gewährt Unterstützung und demonstriert Verständnis.

Der dritte von Torreys vier essentiellen therapeutischen Faktoren ist vielleicht der wichtigste. Hierbei geht es um die Überzeugungen und Erwartungen des Patienten. Wenn der Patient glaubt, daß ihm irgendjemand oder irgendetwas wirklich dabei helfen kann, sich gut zu fühlen, ist er schon auf dem besten Weg zur Heilung. Die Erwartung eines positiven Ausgangs der Therapie (eine Haltung, die durch den Glauben des Therapeuten an die Wirksamkeit seiner Techniken noch gefördert wird) stellt einen engen Rapport zwischen Patient und Therapeut her, der stark zum Erfolg der Behandlung beiträgt. Es sind also wir, die durch unsere eigene Denkweise zur Verbesserung unserer Lebensumstände beitragen.

Der letzte Faktor Torreys wird von Techniken ausgemacht. Eine Art Heilritual ist notwendig, obwohl seine Beschaffenheit nicht von allzu großer Wichtigkeit ist, solange Patient und Therapeut nur von der Wirkung überzeugt sind. Der Medizinmann kann zum Beispiel mit dem Eingeborenen auf eine bestimmte Art und Weise tanzen, um den bösen Geist zu bannen. Diese Methode funktioniert gewöhnlich recht gut. Beim modernen Patienten aus der westlichen Welt werden sich mit der gleichen Prozedur wahrscheinlich keine positiven Resultate einstellen. Er erwartet, Einsicht in sein Problem zu gewinnen, indem er dem Psychiater seine Kindheitserinnerungen erzählt.

Wenn wir die Wichtigkeit dieser vier Faktoren erkennen, können wir unsere eigenen Therapeuten werden. Sie als Leser tragen die ersten drei Faktoren von sich aus bei.

Zunächst benennen Sie Ihr Problem – Angst, Schlaflosigkeit, mangelndes sexuelles Interesse, Depression, Schmerz, ungenügende Energie, Asthma, Kopfschmerzen, Übergewicht, Rauchen, Fingernägelkauen oder was auch immer.

Zweitens akzeptieren Sie sich selbst und Ihr Problem als normal. Schuldzuweisungen, Minderwertigkeitsgefühle oder Selbsthaß sind vollkommen nutzlos. Sie erzeugen nur ein schlechtes Gefühl, ohne Fragen zu beantworten. Behandeln Sie sich selbst wie einen Gast in Ihrem Hause: höflich, warm und tolerant. Seien Sie Ihr eigener bester Freund, indem Sie sich aufmuntern und nette Worte für sich finden.

Glauben Sie drittens an Ihre Fähigkeit zur Selbsthilfe und zur Mobilisierung Ihrer inneren Kräfte, um die Dinge in ihrem Leben zu verändern, die Sie verändern wollen.

So liefern Sie selbst Torreys erste drei Faktoren. Das Buch steuert den vierten bei – ein Heilritual, bei dem Sie Ihre Phantasie verwenden.

> Gedanken können überall hinwandern und in Gedanken können wir alles tun. Vorstellungen können Zeitschranken überwinden und uns in die Vergangenheit oder in die Zukunft versetzen. Wir können räumliche Barrieren durchdringen und uns an reale oder imaginäre Orte begeben.

Unsere Phantasie ist ein ausgesprochen nützliches Hilfsmittel, kann sich jedoch auch als zweischneidiges Schwert entpuppen. In dem Buch „The Stress Factor“ habe ich deutlich gemacht, daß unsere Phantasie uns oft große Unannehmlichkeiten bereiten kann. Wir erwarten zum Beispiel Ärger und reagieren darauf mit einer Streßreaktion, die unseren Körper auf Aktivität vorbereitet. Diese ständige Mobilisierung und die gleichzeitig verstärkte Ausschüttung von Adrenalin und anderen chemischen Substanzen sind die bedeutendsten Krankheitsursachen. Wir können unsere Vorstellungen jedoch auf sehr positive Art und Weise verwenden. Dies ist die andere Schneide des Schwertes.

Die positiven Seiten der Phantasie

Singer und Switzer (1980) äußern sich in ihrem Buch „Mind Play“ sehr treffend:

„Ihre Vorstellungskraft, Ihre Fähigkeit, Tagträume zu erleben oder zu phantasieren, vergangene Situationen wiederzuerleben und sich durch Bilder vor dem geistigen Auge in die Zukunft zu versetzen, sind die wertvollsten menschlichen Ressourcen. Diese Ressourcen, die uns ermöglichen, wieder gesund zu werden und unser Leben vergnüglich, erfüllter und effektiver zu gestalten, sind ein Teil der natürlichen Hirnfunktionen. Haben Sie keine Angst vor Tagträumen oder davor, Ihre Vorstellungskraft zu gebrauchen, weil Sie befürchten, den Kontakt zur Realität zu verlieren. Sie können lernen, die Macht Ihrer Phantasie zu genießen und zu kontrollieren. Mit Hilfe dieser Ressourcen wird es Ihnen oft gelingen, sich eine angenehmere Realität zu formen."

In unseren Köpfen haben wir eine Unmenge Gedächtnismaterial angesammelt – oftmals viel mehr, als wir vermuten. All diese Eindrücke können wir als Phantasien und Tagträume verwenden, indem wir uns daran freuen, daraus lernen, uns verändern oder uns damit trösten. Obwohl wir vielleicht mental mit Phantasien spielen, um uns selbst eine schönere Welt zu basteln, besteht für gewöhnlich keine echte Gefahr, daß wir uns in Täuschungen flüchten. Die Grenzen zwischen Phantasie und Realität sind leicht zu erkennen, wenn wir kontrolliert hin- und herschalten. Eigentlich geht es darum, ob wir Tagträume als kindisch und nutzlos ablehnen oder sie auf eine Art und Weise verwenden wollen, die unser Leben bereichert.

Dieses Buch beschreitet letzteren Weg. Es möchte gerne eine Anleitung zum positiven Gebrauch der Phantasie sein. Sie sollen es genießen, Ihr Leben gesünder, interessanter und kreativer zu gestalten, ohne daß Sie Schuldgefühle wegen Ihrer umherwandernden Gedanken haben. Warum sollten Sie sich auch schuldig fühlen, wenn das Phantasieren all die Vorteile bringt, die Singer und Switzer anführen?

Vorteile des Phantasierens (Singer & Switzer, 1980)

* Streßreduktion
* Hilfe für die Planung einer effektiveren Zukunft
* Kontrolle über unerwünschte Gewohnheiten
* Erhöhte Sensibilität für Stimmungen und Bedürfnisse anderer Menschen
* Erhöhung des sexuellen Genusses
* Erhöhung der Kreativität
* Wir lernen mehr über uns selbst

* Wir können uns in untätigen Minuten vergnügen
* Überwindung von Langeweile
* Wir freuen uns mehr an Kunst, Literatur, Musik, Theaterstücken und Filmen
* Wir können besser mit der Einsamkeit im hohen Alter umgehen und es gelingt uns, würdig unserem eigenen Tod ins Auge zu sehen.

Sobald wir den Wert von Tagträumen und Phantasien als Bestandteil unseres Lebens akzeptieren, können wir für diese Aktivitäten beliebige Zeiträume einplanen. Obwohl wir unserer Phantasie in vielen Situationen und unter vielen Bedingungen freien Lauf lassen können, empfiehlt es sich oft, entweder mit offenen Augen ruhig dazusitzen und irgendeinen Gegenstand zu fixieren, oder die Augen zu schließen, und Erinnerungen, Bildern und Wünschen einfach zu gestatten, durch unseren Geist zu wandern.

Es ist von Person zu Person verschieden, wie schnell man von dieser Aktivität absorbiert wird. Entspannung scheint jedoch die Produktion mentaler Bilder zu begünstigen. In diesem Zustand wenden wir unsere Aufmerksamkeit von der Außenwelt ab und konzentrieren uns auf die Welt in unserem Inneren. Interessanterweise können die Dinge, die wir in unserer Vorstellung erfahren, in vieler Hinsicht psychische Äquivalente zu realen Erfahrungen sein. Dies ist der Grundgedanke des mentalen Rehearsals (Annm. d. Hg.: mentales Training z.B. motorischer Tätigkeiten) zur Verbesserung der sportlichen Leistung – ein Thema, das in einem späteren Kapitel behandelt werden soll. Auf ähnliche Weise kann ein Mensch sein Körpergewicht reduzieren, indem er sich vorstellt, er stünde auf einer Waage, die sein Wunschgewicht anzeigt. Durch das ständige Visualisieren dieser Szene – besonders in Entspannungssituationen – akzeptiert er allmählich mental sein Wunschgewicht als „Realität“ und verhält sich entsprechend, um diesen Zustand zu erreichen.

Wie wir in den Kapiteln über Heilung und Schmerzlinderung sehen werden, sind Phantasien ein sehr wirksames Mittel zur Herbeiführung physiologischer Veränderungen. Man kann zum Beispiel die Herzfrequenz erhöhen, indem man sich erregende Bilder, einen Dauerlauf oder sexuelle Aktivitäten vorstellt. Andere Bilder können zur Erhöhung des Glukosespiegels im Blut oder zu verstärkter Magensäuresekretion führen. Manche Vorstellungen können zum Beispiel Blasen auf der Haut entstehen lassen, andere führen zu Veränderungen der Hautoberflächentemperatur und manchmal sogar zu einer Senkung des Blutdrucks.

Unsere Vorstellungen können auch verhindern, daß wir uns durch unser eigenes Verhalten Nachteile schaffen.

Marie Tate war zum Beispiel eine Ladendiebin. Um ihre schlechte Gewohnheit aufzugeben, stellte sie sich vor, daß alles, was sie gerne stehlen wollte, von einem ekelhaften, grünlichen Schleim überzogen wäre, der fürchterlich aussah und roch. Vor ihrem geistigen Auge sah sie, wie sie festgenommen wurde und über Nacht im Gefängnis bleiben mußte, wie sie vor Gericht erschien und wie alle Verwandten und Freunde Zeugen dieser Schmach wurden.

Im realen Leben haben diese Vorstellungen Marie vielleicht ziemliche Peinlichkeiten und unangenehme Situationen erspart.

Bei der Phantasie handelt es sich also offensichtlich um eine Fähigkeit, die gefördert werden sollte.

Verbessern Sie Ihre Vorstellungskraft

Obwohl es fast unmöglich ist, ein Leben ganz ohne Tagträume zu führen, finden es manche Leute schwieriger als andere, ihre Phantasie effektiv zu nutzen. Oft hat man Ihnen schon im Kindesalter erzählt, daß Phantasien und Tagträume nutzlos sind, damit Zeit vergeudet wird und sie die wirklich wichtigen Dinge im Leben, die von präzisem, rationalem und streng kontrolliertem Denken beherrscht werden, bloß behindern. Realistisches Denken ist natürlich ausgesprochen nützlich, man sollte jedoch den Wert freierer und eher vorstellungsorientierter Gedankengänge nicht unterschätzen. Es geht nicht um das Entweder/Oder, sondern um den effektiven Gebrauch beider Formen des Denkens.

Zur Förderung der Vorstellungskraft ist es sinnvoll, zunächst bei Träumen zu beginnen.

Hierbei spielt es keine Rolle, ob es sich um Tag- oder Nachtträume handelt. Sie können zum Beispiel Träume aufzeichnen, an die Sie sich erinnern, und Sie sich einige Male durch den Kopf gehen lassen. Halten Sie sich eine Reihe angenehmer Träume auf Lager, auf die Sie zurückgreifen können, wenn Sie ein wenig Schwung brauchen. Vielleicht möchten Sie die Träume ja auch be-

arbeiten oder verändern, um sie noch schöner zu gestalten. Sie sollten mit ihren Vorstellungen vertraut werden und sich mit ihnen anfreunden, so daß Sie sich beim Umgang mit ihnen wohlfühlen. Hierzu braucht es eine gewisse Übung.
Man kann nicht nur mit konkreten Gegenständen, sondern auch mit mentalen Bildern üben.

Sehen Sie sich ein Photo in einer Illustrierten an. Dann richten Sie Ihre Aufmerksamkeit auf etwas anderes – zum Beispiel auf die Zimmerdecke oder auf eine weiße Wand. Reproduzieren Sie nun das Bild, so gut Sie können. Sie brauchen es nicht zu angestrengt oder krampfhaft versuchen. Lassen Sie das Bild einfach wie von selbst entstehen, ohne sich darum zu kümmern, ob Sie alles richtig machen.

Dies ist übrigens eine sehr produktive Art, sich die Zeit in einem Wartezimmer zu vertreiben, in dem Illustrierte ausgelegt sind. Bilder an der Wand bieten auch eine gute Gelegenheit zum Üben.
Sie werden vielleicht feststellen, daß es die Aufgabe erschwert, wenn Sie die Augen geöffnet lassen. Wenn dies der Fall ist, schließen Sie sie einfach.
Mit geschlossenen Augen ist es oft viel leichter – besonders, wenn Sie sich Bewegungen vorstellen.
Es gibt noch andere Möglichkeiten, die Vorstellungskraft zu entwickeln. Erinnern Sie sich an ein Ereignis aus der Vergangenheit, an einen guten Film oder eine Fernsehshow. Lassen Sie sich das Ereignis einfach durch den Kopf gehen. Wenn Sie Ihre Augen lieber geöffnet lassen, projizieren Sie die Bilder auf die Zimmerdecke oder die Wand. Dann können Sie sich vorstellen, wie Sie in eine Rolle in Ihrer Vorstellung schlüpfen und die entsprechenden Gefühle empfinden. Wir werden später sehen, daß dies eine sehr nützliche Methode der Verhaltensmodifikation darstellt.
Während Sie mit unbewegten und bewegten Bildern üben, sollten Sie ein wenig experimentieren, um herauszufinden, wie Sie die Lebhaftigkeit der Vorstellungen verstärken können.
Können Sie Geräusche hinzufügen? Können Sie etwas schmecken, riechen oder berühren? Manchen Menschen gelingt es, anderen wiederum nicht. Können Sie die Farben leuchtender erscheinen lassen oder die Einzelheiten der Kleidungsstücke scharf erkennen? Es ist sehr sinnvoll, dies alles zu üben. Doch auch wenn Ihre Vorstellung verschwommen und unscharf bleibt, werden

Sie trotzdem noch genügend Nutzen aus den in diesem Buch beschriebenen Methoden ziehen.

Die Vorstellungskraft läßt sich am besten entwickeln, wenn man sich Szenen vor Augen führt, in die man in der Zukunft selbst verwickelt werden kann.

Vielleicht scheuen Sie sich, ein kaputtes Elektrogerät in den Laden zurückzubringen, in dem Sie es gekauft haben. Sollte dies der Fall sein, stellen Sie sich vor, wie Sie in den Laden gehen, dem Verkäufer erklären, was passiert ist und ihn darum bitten, eine für Sie akzeptable Lösung vorzuschlagen.

Sie können verschiedene Szenen durchgehen, verschiedene Ansätze und Verhaltensweisen ausprobieren, bis Sie sich für die erfolgversprechendste Vorgehensweise entscheiden. Seien Sie Ihr eigener Drehbuchautor und studieren Sie Ihr gewünschtes Verhalten ein. Diese Prozedur ist nicht nur eine hervorragende Möglichekeit, Ihre Vorstellungsfähigkeit zu verbessern, Sie lernen auch, Situationen des realen Lebens effektiver zu handhaben. Sie lernen, sich vorzubereiten, sich zu beruhigen und Ihre Bedenken zu zerstreuen. All dies sind wertvolle Hilfen bei der Gestaltung eines angenehmen Lebens.

Es ist auch sehr hilfreich, wenn Sie Ihre Tagträume ein wenig humorvoll gestalten.

In dem Buch „The Plus Factor" habe ich gezeigt, wie Sie die Ehrfurcht vor „wichtigen" Leuten reduzieren und auf diese Weise deren Macht über sie verringern können. Stellen Sie sich diese Menschen einfach in irgendeiner lächerlichen Situation vor. Es ist sehr schwierig, übertriebenen Respekt vor einem tyrannischen Chef zu haben, wenn Sie sich ihn mit heruntergelassener Hose oder als altmodischen Komödianten mit einigen schwarz angemalten Schneidezähnen vorstellen.

In dem Buch „Psycheye" schlägt Ahsen (1972) vor, die Vorstellungsfähigkeit durch folgende Vorgehensweisen zu verbessern:

* wiederholte Konzentration auf das gewählte mentale Bild
* wiederholtes Erleben der mit dem entsprechenden Bild assoziierten Gefühle
* spontanes Erfassen der Bedeutung des Bildes
* Auseinandersetzung mit dem Bild auf verschiedene Art und Weise; sich zum Beispiel auf bestimmte Einzelheiten konzentrieren, die An-

wesenheit bestimmter Menschen und Objekte ganz bewußt wahrnehmen und Fragen stellen

* dem Bild Entwicklungen und Veränderungen gestatten und spontane Wechsel zulassen
* Zulassen von mentalen Expansionen, damit sich auf verschiedenen Ebenen langsam neue Erfahrungen, neue Einsichten und Veränderungen ergeben

Eine andere sehr nützliche Maßnahme zur Verbesserung der Vorstellungsfähigkeit ist die Herstellung des passenden mentalen Rahmens. Im allgemeinen empfiehlt sich ein tranceähnlicher Zustand, der es ermöglicht, daß die Gedanken wandern und Träume entstehen. Trance ist ein alltägliches Erlebnis. Gute Beispiele sind Tagträume oder andere Situationen, in denen wir uns so sehr auf ein Buch, einen Film oder eine Fernsehsendung konzentrieren, daß wir nicht wahrnehmen, wenn uns Leute ansprechen. Auch die sogenannte „Autobahnamnesie" (wenn wir ein Reiseziel erreichen, ohne uns an andere Ortschaften auf dem Weg zu erinnern) ist das Resultat von Trancephänomenen. Eigentlich ist die Trance ein Zustand innerer Absorption.

Jeder von uns ist mehr oder weniger fähig, in Trance zu gehen. Dies kann für die Erreichung unserer Ziele sehr nützlich sein. Alles, was einen Trancezustand ausmacht, ist die Schaffung einer inneren geistigen Welt und das „Abschalten" der Außenwelt. In dieser inneren Welt behalten wir all unsere Fähigkeiten, lernen aber, mehr Kontrolle auf sie auszuüben. Vor allem können wir herausfinden, wie wir die Kraft unseres Unbewußten dazu verwenden können zu erreichen, was wir wollen. Das nächste Kapitel zeigt uns, wie wir vorgehen müssen.

2 Kontakte zum Unbewußten

Unser Unbewußtes

Ob es wirklich so ist oder nicht, sei dahingestellt, doch oft scheint es, als wäre unser Geist zweigeteilt. Ein Teil – das Bewußte – verwendet die Information, die von unseren fünf Sinnen erfaßt wird und beschäftigt sich mit Planung, Denken und Schlußfolgerungen. Der andere Teil – unser Unbewußtes – scheint unabhängig von unseren Sinnen zu funktionieren und eine Art Intuition als Mittel zur Informationsbeschaffung zu verwenden. Dieser Teil scheint unsere Atmung, die Verdauung, unsere Gewohnheiten, Emotionen und das Gedächtnis zu kontrollieren. Ich sage absichtlich „es scheint so", weil wir keinen stichhaltigen wissenschaftlichen Beweis für die Existenz des Unbewußten haben. Trotzdem kann der Gebrauch des Konzeptes sehr nützlich sein. Wenn wir so handeln, als ob ein Unbewußtes existieren würde, können wir es dazu bringen, unser Leben mit Hilfe unserer Vorstellungskraft angenehmer zu gestalten, und auf diese Weise von ihm profitieren.

Die Idee, sich so zu verhalten „als ob" etwas existiere, ist sehr wichtig. Meiner Meinung nach leben wir eigentlich nicht in einer Welt der äußeren Realität. *Unsere Realität ist in unseren Köpfen.* Viele der Prinzipien, nach denen wir zu leben versuchen, sind einfach verkehrt, da sie unser Leben schwieriger machen, als es nötig ist. Diese Prinzipien, welcher Art sie auch immer sein mögen, sind einfach Mittel zur Organisation unserer Erfahrungen. Der Prüfstein für Ihre Nützlichkeit sind die Resultate, zu denen sie führen. Wenn Sie aufgrund Ihrer Prinzipien und Überzeugungen dazu fähig sind, Ihr Leben auf befriedigende und einträgliche Weise zu leben, haben Sie Ihre Erfahrungen effektiv organisiert. Wenn Sie dieses positive Resultat jedoch nicht erzielen, wäre es vielleicht gut, Ihre Weltsicht zu verändern. Die Beeinflussung Ihres Unbewußten kann eine solche Veränderung bewirken.

Der vielleicht wichtigste Aspekt des Unbewußten – über das ich nun reden werde, als ob es tatsächlich existierte – ist seine Bereitschaft, eher und unkritischer Suggestionen zu akzeptieren, als unser Bewußtes. Dies hat sowohl positive wie auch negative Seiten.

Der Müll wird beseitigt

Joanne Ridings, eine sehr talentierte und intelligente Frau, mußte dies am eigenen Leibe erfahren. Während sie krank war, nutzten ihre Mutter, ihre Schwiegermutter und ihr Ehemann ihre Schwäche aus, um sie mit negativen Suggestionen förmlich zu bombardieren. Vielleicht waren sie, ohne sich darüber bewußt zu sein, auf ihren Berufserfolg eifersüchtig und nahmen die Gelegenheit wahr, um ihre „Überlegenheit" zu demonstrieren. Wie es auch immer gewesen sein mag, Joanne blieb, auch nachdem sie ihre körperliche Gesundheit wiedererlangt hatte, in einem depressiven Zustand. Unbewußt hatte sie viele der negativen Botschaften akzeptiert. Wenn wir krank sind, geraten wir oft in eine Art Trancezustand, und Suggestionen zu diesem Zeitpunkt zeigen erstaunliche Wirkungen. Bei Joanne war es ebenso.

Glücklicherweise kann man die gleiche Methode verwenden, um den Schaden wiedergutzumachen. Joanne bediente sich eines Trancezustandes, in dem sie sich vorstellte, wie sie ihre ganze Furcht, alle Zweifel, Ängste und Schuldgefühle, die durch den negativen Input entstanden waren, beseitigte. Im Geiste ging sie in ihre Waschküche, füllte das Waschbecken mit Wasser, öffnete eine Luke in ihrem Kopf und zog den ganzen unerwünschten Müll heraus. Dann warf sie ihn in das Wasser, das allmählich immer schwärzer und schwärzer wurde. Schließlich stellte sie sich vor, den Stöpsel herauszuziehen, und das ganze schmutzige Wasser verschwand im Abfluß.

Joanne hätte noch viele andere Arten wählen können, um ihren „geistigen Müll" loszuwerden. Sie hätte alles in einen Korb packen und ihn an einem Ballon festmachen können. Dieser Ballon wäre dann mit dem ganzen Ballast aufgestiegen und am Himmel verschwunden. Sie hätte auch alles vergraben oder verbrennen und den Rauch im Kamin aufsteigen sehen können. Oft lassen wir negative Gedanken, Sorgen, Ängste und Unmut im Geiste weiterleben, indem wir sie uns ständig ins Gedächtnis rufen. Wir müssen uns jedoch nicht dauernd daran erinnern. Wenn wir uns dafür entscheiden können, alles im Gedächtnis zu behalten, können wir uns ebenso gut dafür entscheiden, es loszuwerden.

Geoff Bartley ist ein anderes Beispiel dafür, wie hilfreich eine Beseitigung des geistigen Mülls sein kann. Geoff hatte Angst davor, Auto zu fahren. Lange bevor er sich mit mir in Verbindung setzte (25 Jahre zuvor), war er in einen Unfall verwickelt gewesen. Jemand war von hinten auf sein Auto aufgefahren, als er an einer Ampel wartete. Geoff erlitt Hals- und Wirbelsäulenverletzungen, von denen er sich jedoch vollkommen erholte. Von dieser Zeit an wurde er allerdings immer sehr nervös, wenn er ein anderes Auto hinter sich bemerkte. Dies geschah auch, wenn er nur Beifahrer war. Immer wenn er versuchte, selbst Auto zu fahren, wurde die Angst so überwältigend, daß er nahezu gelähmt war.

Die Technik der „Müllbeseitigung", die ich mit Geoff verwendete, bestand darin, daß er sich vorstellen sollte, in einen Korridor zu gehen, der zu seinem eigenen Geist führt. Dort fühlte er sich sicher und behaglich. In diesem Korridor befand sich ein Stoppschild mit einem Zeiger, der auf eine der Wände gerichtet war und auf dem die Worte standen: „Den ganzen Müll hier abladen." An der Wand befand sich ein Müllschlucker und ich schlug Geoff vor, daß er alles in den Schacht werfen sollte, was er loswerden wollte und worauf er im Leben verzichten konnte. All diese Dinge würden aus seinem Geist verschwinden. Sobald etwas aus seinem Geist ausgelöscht war, existierte es auch nicht mehr in seinem Leben. Als wir diese Vorstellungen gemeinsam übten, erlebte Geoff den Unfall in seiner Vorstellung wieder, packte ihn in eine Abfalltüte und warf ihn in den Müllschlucker. Dann ging er nach Hause und fuhr das Auto seiner Frau.

Die Resultate sind nicht immer ähnlich spektakulär. Manchmal ist es erforderlich, geistigen „Müll" mehrfach abzuladen, bevor er tatsächlich verschwindet. In den meisten Fällen führt die Technik jedoch zum Erfolg. Man muß sich nur eine geeignete und plausible „Müllbeseitigungsmethode" vorstellen.

Solche Bilder haben offensichtlich einen starken Einfluß auf den Gedächtnisspeicher des Unbewußten und gestatten es, das unerwünschte Material zu beseitigen. Obwohl verbale Suggestionen sehr nützlich sein können, scheinen mentale Bilder wirksamer zu sein – insbesondere, wenn sie im Trancezustand verwendet werden.

Versetzen Sie sich in Trance

Trance ist ein so selbstverständlicher Teil des alltäglichen Lebens, daß die meisten Menschen wenig Mühe aufbringen müssen, um sich in diesen Zustand zu versetzen.

Normalerweise sollte man seine Aufmerksamkeit auf irgend etwas richten – Zählen ist zum Beispiel eine beliebte Methode.

> Zählen Sie bis 20 und sagen Sie zu sich selbst, daß Ihre Augenlider bei der Zahl fünf schwerer werden, daß das Gefühl bei zehn so deutlich wird, daß Sie Ihre Augen schließen möchten, daß Sie bei der Zahl 15 tatsächlich Ihre Augen schließen werden und daß die Lider sich mit jeder Zahl bis 20 immer noch schwerer anfühlen werden. Wenn Sie die Zahl 20 erreicht haben, sind Sie ganz entspannt und ruhig.

Sie können die Methode abwandeln, indem Sie sich ruhig hinsetzen und einen Gegenstand fixieren, der sich in einiger Entfernung vor Ihnen befindet. Zählen Sie von eins bis zehn und lassen Sie es zu, daß sich Ihre Augen hierbei langsam schließen. Synchronisieren Sie den Zählrhythmus mit dem Ausatmen. Wenn Sie bei zehn angekommen sind, zählen Sie wieder rückwärts bis eins. Öffnen Sie dann Ihre Augen und fixieren Sie wieder den Gegenstand. Zählen Sie jetzt wieder bis zehn und entspannen Sie sich mit jeder Zahl noch tiefer als zuvor. Bei zehn werden Sie sich wahrscheinlich in einem angenehmen Trancezustand befinden. Wenn dies nicht der Fall sein sollte, wiederholen Sie das Vorgehen, bis Sie eine Trance erreichen.

Vielleicht ziehen Sie es vor, Zahlen und Bilder zu verbinden.
Stellen Sie sich überall, wo Sie hinschauen, eine weiße Wand vor. Wenn Sie von zehn bis null zählen, sehen Sie die Zahlen vor diesem weißen Hintergrund. Zunächst sehen Sie scharf, deutlich und schwarz aus, wenn Sie aber weiterzählen, werden sie unschärfer und verschwommener. Sie werden immer schwieriger zu erkennen sein und mit dem weißen Hintergrund verschmelzen. Wenn Sie die Zahl Null erreichen, wird gar nichts mehr zu sehen sein und es existiert nur noch eine leere weiße Fläche.

Die Zahl Null eignet sich sehr gut für eine Tranceinduktion.
Sie können sich entspannen und alles andere einfach geschehen lassen. Lassen

Sie sich einfach hängen und kümmern Sie sich um nichts mehr. Denken Sie an eine große, schwarze, runde Null – Null bedeutet nichts, gar nichts. Sie denken an gar nichts, bis ihr Geist vollständig leer ist. Er wird wie eine große weiße Wand, auf der sich nichts befindet. Sie sehen nur eine große schwarze Null, die langsam verblaßt und in den weißen Hintergrund übergeht, unsichtbar wird, zu nichts wird. Wenn sie verschwunden ist, werden Sie sich in einem behaglichen Trancezustand befinden. In vielen Fällen funktioniert diese Methode schneller, als wenn man von zehn an rückwärts zählt.

Der Gebrauch einer mentalen Tafel kann ebenfalls sehr hilfreich sein.
Stellen Sie sich vor ihrem geistigen Auge eine Tafel vor und zeichnen Sie darauf einen großen Kreis. Entscheiden Sie sich, bis zu welcher Zahl Sie zählen wollen (z.B. 10, 20 oder 30) und malen Sie in Ihrer Vorstellung die Zahl Eins in die Mitte des Kreises. Wischen Sie dann im Geist die Zahl sorgfältig aus, wobei Sie den Kreis nicht beschädigen, und schreiben Sie die Zahl Zwei. Fahren Sie so fort, bis Sie die höchste von Ihnen gewählte Zahl erreicht haben, die Ihnen anzeigt, daß Sie die Trance erreicht haben. Lassen Sie sich mit jeder Zahl, die Sie in den Kreis schreiben, ein wenig mehr fallen. Die Buchstaben des Alphabets eignen sich ebenso gut wie Zahlen für diese Vorgehensweise.

Auch Bilder können einen Trancezustand hervorrufen.
Setzen Sie sich ruhig hin, atmen Sie locker und regelmäßig und sagen Sie zu sich selbst, daß Ihnen spontan ein Bild in den Sinn kommen wird, das mit einem Wort beschrieben werden kann. Dieses Bild wird so beschaffen sein, daß es Ihnen bei der Herbeiführung der Trance hilft. In Zukunft ist es dann nur noch notwendig, dreimal das Wort zu sagen, die Augen zu schließen, das Bild vor dem geistigen Auge zu sehen und sich von ihm in eine tiefe mentale Entspannung geleiten zu lassen.

Manche Bilder sind beliebter als andere.
Beliebt ist zum Beispiel die Vorstellung von einer ruhigen und stillen Wasseroberfläche oder der Gedanke an einen schwarzen Vorhang, der alles andere verhüllt. Auch fallende Blätter sind sehr angenehm. Stellen Sie sich einfach vor, Sie wären ein Blatt an der Spitze eines Baumes. Eine leichte Brise löst Sie vom Zweig ab und Sie werden vom Wind langsam zu Boden getragen. Sie können sich ihren eigenen Weg suchen und langsam in Trance gehen, während das Blatt zur Erde sinkt.

Zur Herbeiführung mentaler Entspannung können Sie auch Ihre eigene Hand betrachten, als wären Sie ein Bildhauer oder Künstler. Konzentrieren Sie sich so auf Ihre Hand, als wollten Sie sie plastisch nachbilden oder malen und wenden Sie Ihre Aufmerksamkeit jedem einzelnen Detail zu. Nach und nach wird der Hintergrund der Hand verschwommen, Ihre Augenlider werden schwerer und Sie gestatten ihrem Körper, sich fallen zu lassen. Das Wort „gestatten" gebrauche ich absichtlich, weil es den Schlüssel zur Herbeiführung des Trancezustandes darstellt. Sie lassen alles eher geschehen, als daß Sie versuchen, es herbeizuführen.

Manchmal ist Entspannung jedoch mit aktiven Tranceinduktionsmethoden einfacher zu erzielen.

Bei einer dieser Methoden strecken Sie ihren Arm in Schulterhöhe aus und drehen ihn soweit herum, daß Sie ihren Daumennagel sehen können. Fixieren Sie nun diesen Nagel. Konzentrieren Sie sich darauf, wie er größer und größer wird und Ihr gesamtes Gesichtsfeld ausfüllt. Während der Daumennagel größer wird, beugen Sie ganz langsam ihren Arm und nähern die Hand ihrem Gesicht an. Gestatten Sie ihren Augenlidern, währenddessen immer schwerer und schwerer zu werden. Wenn Ihre Hand oder die Finger Ihr Gesicht berühren, werden sich Ihre Augen wie ganz natürlich schließen, die Hand wird in den Schoß fallen und Sie werden sich in einem angenehmen Trancezustand befinden.

Eine andere Methode ist, die Augen nach oben zu rollen, als wollte man sich selbst auf den Kopf schauen.

Man beläßt die Augen in dieser Position und holt tief Luft. Gestatten Sie dann ihren Lidern, sich über den nach oben gerichteten Augen zu schließen und atmen Sie frei und gelöst durch, während Sie Ihre Augen entspannen und das Gefühl haben, zu schweben. Dieses Gefühl der Leichtigkeit können Sie auf Ihre rechte Hand (als Linkshänder auf die linke) und ihren Unterarm konzentrieren, so daß die Hand und der Arm nach oben in eine aufrechte Position schweben. Es ist gar nicht so ungewöhnlich, diese Art von Armbewegung zu produzieren, weil unser Geist unseren Körper kontrolliert. Wenn wir an Leichtigkeit und an Schweben denken, wird der Arm normalerweise unseren mentalen Befehlen gehorchen.

Die Verwendung von Vorstellungen kann den Prozeß unterstützen.

Sie können sich zum Beispiel vorstellen, Ihr Unterarm wäre eine Feder, die nach oben schwebt oder durch ein Seil mit einem aufwärts steigenden Ballon verbunden ist. Vielleicht möchten Sie auch lieber damit beginnen, einen Arm waagerecht nach vorne auszustrecken und die Handfläche nach oben zu kehren, während Sie sich vorstellen, ein leeres Gefäß in dieser Hand zu halten. Nun füllt sich dieses Gefäß mit Sand, wird schwerer und schwerer und zieht ihren Arm allmählich weiter nach unten. Während der Arm nach unten wandert, werden Sie immer gelöster, und wenn er ihren Schoß berührt, können Sie sich vollkommen entspannen.

Offenbar gibt es viele verschiedene Methoden zur Herbeiführung eines Trancezustandes.
Sie sollten diejenigen aussuchen, die Ihnen geeignet erscheinen und die für Sie einen angenehmen Zustand der geistigen und körperlichen Entspannung herstellen. Ruhigere Menschen, die sich leichter entspannen können, bevorzugen eher Methoden, die weniger Aktivität verlangen. Nervöse und angespanntere Leute haben mit aktiveren Vorgehensweisen vielleicht mehr Erfolg. Bei vielen von uns ist es schon vollkommen ausreichend, wenn wir uns mit unserem beliebtesten Tagtraum beschäftigen.

Vertiefung der Trance

Sobald Sie sich an den Gedanken gewöhnt haben, willkürlich in Trance zu gehen und Sie beliebig wieder verlassen zu können, möchten Sie vielleicht ein wenig experimentieren, um die Trance zu vertiefen, und wollen herausfinden, ob Ihnen dies beim Umgang mit Vorstellungen hilft. Ebenso wie bei Induktionstechniken kommt es auch hier auf Ihre Wahl an, ob Sie einen Weg finden, sich noch weiter fallen zu lassen. Dies läßt sich für gewöhnlich erreichen, wenn man sich für die Dinge, die ich bereits vorgeschlagen habe, einfach mehr Zeit nimmt oder mehrere Methoden kombiniert.

Bill Thompson, beginnt damit, seine „Atmung zu verfolgen“. Er konzentriert sich einfach darauf, wie er ein- und ausatmet, versucht nicht, den Atemrhythmus zu verändern und läßt sich einfach mit ihm treiben. Wenn Bill sich auf diese Weise bewußt auf seine Atmung konzentriert, scheint sein Unbewußtes die Entspannung in jeder Hinsicht zu fördern. Bills Blutdruck senkt sich ein wenig, seine Herzfrequenz sowie seine Atmung verlangsamen sich, und ein Gefühl der Behaglichkeit und des Wohlbefindens breitet sich in seinem ganzen Körper aus.

Dies ist bereits die zweite Komponente von Bills Technik. Er konzentriert sich auf die Muskelentspannung. Zu Anfang spannte und entspannte er abwechselnd jede Muskelgruppe der Reihe nach. Er begann bei den Füßen und hörte bei der Stirn auf. Heute gelingt es ihm jedoch, sich einfach vorzustellen, wie seine Muskelanspannung mit dem Ausatmen abnimmt.

Sobald er fühlt, daß seine Muskeln entspannt sind, widmet sich Bill der geistigen Entspannung. Er denkt an eine angenehme Episode, die sich an einem Ort ereignet, an dem er sich behaglich und zufrieden fühlt. Zum Schluß zählt er langsam von eins bis 20. Wenn er die Zahl 20 erreicht, befindet er sich bereits in dem Zustand, der sich seiner Meinung nach am besten dazu eignet, den Einfluß seiner Phantasie zu vergrößern.

Der zusätzliche Gebrauch von Bildern ist vielleicht die verbreitetste Form der Trancevertiefung.

Sie können sich eine wunderschöne Szene im Wald vorstellen, bei der Sie umgeben von gefallenem Herbstlaub an einem Fluß sitzen. Wie beiläufig nehmen Sie ein Blatt auf, lassen es in den Fluß fallen und beobachten, wie es langsam flußabwärts treibt und auf dem Wasser hin und her schwimmt. Ihre Trance wird umso tiefer, je weiter das Blatt fortschwimmt, bis es schließlich ganz verschwunden ist. Sie können so viele Blätter verwenden, wie Sie wollen, um die gewünschte Trancetiefe herbeizuführen.

Vielleicht gefällt Ihnen die Atmosphäre am Meeresstrand. Die Vorstellung eines Strandes eignet sich sehr gut dazu, alle unsere Sinne in die Phantasie miteinzubeziehen. Sie können sich vorstellen, an diesem wunderbaren Strand zu liegen. Der Sand ist rein und weiß, das Wasser blau und die Wellen schäumen, wenn Sie am Strand auslaufen. Vielleicht hören Sie die Möwen schreien und das Rauschen der sich überschlagenden Wellen. Es riecht nach Salz und mit den Sonnenstrahlen dringt ein Gefühl von Wärme in ihren Körper ein. Ihre Phantasie kann diese Szene ausschmücken, wie Sie möchten. Vielleicht fühlen Sie den Wind über Ihre Wangen streichen, den Sand unter ihren Füßen, wenn Sie zum Wasser laufen, und die Kühle des Wassers, wenn Sie zu schwimmen beginnen. Lassen Sie sich vom Wasser streicheln oder anregen – ganz wie Sie wollen. Sie können Ihre Phantasie dazu verwenden, jede Stimmung zu erzeugen, die Ihnen gefällt. Alles hängt von der intensiven Absorption in Ihre Vorstellungen ab. Auf diese Weise schaffen Sie einen mentalen Zustand, der es Ihnen gestattet, die Trance beträchtlich zu vertiefen.

Wenn Sie nichts von Szenen unter freiem Himmel halten, verwenden Sie einfach ein häuslicheres Bild, um tiefer in die Trance zu gehen. Wenn Sie sich in Aufzügen nicht unbehaglich fühlen, stellen sich manche Leute gerne vor, Sie befänden sich zum Beispiel im zehnten Stock eines Gebäudes und warteten in einem mit Teppichen ausgelegten Flur auf den Lift, der Sie zum Erdgeschob bringt. Wenn der Lift kommt, steigen Sie ein, drehen sich mit dem Gesicht zur Türe und sehen zu, wie Sie sich schließt. Nun schauen Sie zur Stockwerksanzeige, bei der die Zahl 10 hell beleuchtet ist. Während der Lift sanft, mühelos und ohne Unterbrechung (es ist Ihr eigener Lift, den sonst keiner benutzt) nach unten fährt, leuchten der Reihe nach die Ziffern 9, 8, 7, 6, 5, 4, 3, 2, 1 und schließlich das E auf. Mit jeder Ziffer gehen Sie tiefer und tiefer in die Trance. Wenn Sie im Erdgeschoß angekommen sind, empfinden Sie ein wunderbares Gefühl der Ruhe, das sich noch verstärken läßt, wenn Sie die Übung fortführen.

Stellen Sie sich nun vor, daß die Türe des Aufzugs sich öffnet. Sie treten aus dem Lift und gehen durch eine zweite Türe auf der anderen Seite des Raumes. Dies ist Ihr eigener ganz spezieller Ort, an dem Ihnen nichts und niemand auf irgend eine Art und Weise Schaden zufügen oder Sie verletzen kann. Es kann überall sein – im Freien (ein Garten, ein Strand, das Ufer eines Flusses) oder in einem Gebäude (ein schönes Zimmer, ein gemütliches Bett, ein warmes Bad). Es kann zum Beispiel ein Ort sein, an dem Sie in der Vergangenheit schon einmal waren und den Sie als Kind sehr gern hatten. Vielleicht ist alles auch nur reine Phantasie und existiert in Wirklichkeit überhaupt nicht. Sie müssen den Ort nicht bewußt konstruieren. Wenn Sie es geschehen lassen, wird Ihr Unbewußtes selbst einen solchen Ort für Sie schaffen. Hier wird es Ihnen gelingen, Kontakt zu ihrem Unbewußten aufzunehmen und ihm die Lösung Ihrer Probleme zu überlassen.

Der Gebrauch von Suggestionen

An diesem ganz besonderen Ort wird Ihr Geist sehr empfänglich für die Suggestionen sein, die Sie sich selbst geben können. Es spielt keine Rolle, ob es sich bei diesen Suggestionen um Worte, um Bilder oder um beides handelt. Da es den Anschein hat, als würde das Unbewußte nicht logisch schlußfolgern, eignen sich am besten einfache Suggestionen – besonders, wenn sie häufig wiederholt werden. Leslie Wetherhead (1952) drückte es in seinem Buch „Psychology, Religion, and Healing" wie folgt aus:

„Hinter allen Entdeckungen der Psychologen seit Mesmer .. steht eine der großen Wahrheiten über den menschlichen Geist ... Wenn man einen Gedanken tatsächlich als wahr akzeptiert und dieser Gedanke vernünftig ist, tendiert er unter Mithilfe unbewußter Prozesse dazu, sich schließlich zu verwirklichen und Wahrheit zu werden. Wenn es gelingt, eine solch umfassende Idee auf eine Art und Weise in den Geist einzubringen, daß der Gedanke schließlich zur Realität wird ... kann man von Behandlung durch Suggestion sprechen."

Wir sind zumeist der Überzeugung, daß eine Behandlung durch Suggestion ein Vorgang zwischen Therapeut und Patient ist. In Wahrheit brauchen wir jedoch niemand anderen. Zumeist wissen wir selbst, was wir wollen, und können uns leicht unsere eigenen Suggestionen geben. Auch wenn Ihnen eine andere Person eine Suggestion gibt, müssen Sie sie schließlich zuerst akzeptieren, bevor sie für Sie irgendeinen Wert hat.
Wir müssen also immer den Input von anderen in Suggestionen für uns selbst übersetzen.

Joanne Ridings akzeptierte die negativen Suggestionen ihrer Familie und machte sie zu ihren eigenen, indem sie sich selbst genau dieselben Dinge sagte. Andere Leute können ihren Einfluß auf uns nur geltend machen, wenn wir das auch zulassen – genauer gesagt, wenn wir ihre Suggestionen in Selbstsuggestionen verwandeln.

Joanne bediente sich eines bestimmten mentalen Bildes, um dies in Zukunft zu vermeiden. Sie stellte sich vor, wie sie einen wunderschönen goldenen Helm aufsetzte und dann das Visier schloß. Mit diesem Helm war sie sicher vor negativen Einflüssen durch andere. Die schädlichen Suggestionen konnten nicht zu ihr durchdringen und sie stellte sich bildhaft vor, wie sie von dem Helm abprallten. Wenn keine negativen Suggestionen mehr auf sie einströmten, nahm sie den Helm wieder ab.

Bei dieser Vorstellung handelt es sich um ein einfaches, aber sehr effektives Bild, das wir im Gedächtnis behalten sollten. Unglücklicherweise sind die meisten von uns von „Nein-Sagern" umgeben – Menschen die selbst sehr negativ sind und anderen positives Denken verübeln.

Ein Bild wie das des Helmes gewährt Schutz. Andere Bilder können Symbole des Vertrauens und der Stärke sein.

Bill Thompson bedient sich einer Vorstellung, von der er glaubt, daß sie ihm ungemein dabei geholfen hat, mit schwierigen Aufgaben umzugehen. Sein ganz spezieller Ort ist ein wunderschöner Garten. In diesem Garten befindet sich ein Baum – stark, gerade gewachsen und hoch. Bill erkennt die Stärke des tief verzweigten Wurzelsystems, die Sicherheit, die der Baum den in seinem weit ausladenden Astwerk nistenden Vögeln bietet, und die Energie, die er von der Sonne erhält, wenn er sich weit nach oben reckt. Bill vergleicht sich mit diesem Baum und hält sich für ebenso fest verwurzelt, stark und sicher. Er gibt anderen zwar keine Kraft, bemüht sich jedoch, Kraft aus seiner Umgebung zu schöpfen. Obwohl er dem Baum in vieler Hinsicht gleicht, erkennt Bill, daß er eigentlich stärker ist, weil er denken und schlußfolgern und sich dazu entschließen kann, sein Leben besser zu kontrollieren.

Immer wenn er bezweifelt, mit einer Aufgabe oder einem Problem umgehen zu können, stellt sich Bill diesen Baum vor und empfindet einen Schub von Kraft und Selbstvertrauen. Obwohl Worte als Suggestionen sehr hilfreich sein können, hat es den Anschein, als wären eher Bilder die Sprache des Unbewußten. Indem er den Baum als Symbol des Selbstvertrauens gebraucht, erschließt Bill neue und sehr wirksame Ressourcen. Das nächste Kapitel wird eine ganze Reihe weiterer Beispiele aufzeigen, wie wir unsere unbewußten Potentiale nutzbar machen können.

3 Die Erschließung unbewußter Potentiale

Ein „besonderer“ Ort

Um mich mit dem Unbewußten in Verbindung zu setzen, damit ich seine zahlreichen Ressourcen nutzen kann, gebrauche ich eine Strategie, die der von Bill Thompson ähnelt. Ich beginne mit der Vorstellung vollkommener Dunkelheit. In meinem Geiste senkt sich ein schwarzer Samtvorhang und verhüllt alles andere. Mit dem Ausatmen lasse ich alle Spannung, jegliches Unbehagen und alle unerwünschten Gefühle von mir weichen. Dann bediene ich mich der Technik der „Müllbeseitigung“, die ich in Zusammenhang mit Geoff Bartleys Angst vor dem Autofahren beschrieben habe. Alles, was mir auf die Nerven geht, wandert in den Müllschlucker. Schließlich begebe ich mich mental zu meinem „besonderen“ Ort, wo ich tiefe Zufriedenheit und Ruhe empfinde.

Manchmal bleibe ich einfach in diesem Zustand und blende die Außenwelt für einen gewissen Zeitraum aus. Dies ist ausgesprochen erholsam, da ich der Anspannung und dem ganzen Druck, der auf mir lastet, entfliehen kann. Bei anderen Gelegenheiten gebrauche ich den „besonderen“ Ort, wenn ich ein ganz bestimmtes Ziel vor Augen habe – ein Ziel, das sich am besten mit Hilfe unbewußter geistiger Prozesse erreichen läßt. Auf diese Prozesse werden wir im folgenden eingehen. Zuvor möchte ich jedoch noch ein wenig über das Konzept des „besonderen“ Ortes sprechen.

> Es kann sehr nützlich sein, über einen solchen besonderen Ort zu verfügen, an den wir uns zurückziehen können und wo es uns möglich ist, vor dem Rest der Welt die Türe zu verschließen.

Natürlich sollten Sie dies nicht so oft tun, daß Sie nur noch in Ihrer eigenen privaten Welt leben und sich vor dem Rest der Menschheit abkapseln. Sie sollten eher so verfahren, daß Sie diesen Ort aufsuchen, um sich in einer lärmenden, streßbeladenen Welt gelegentliche Ruhepausen zu gönnen. Betrachten Sie ihn als Oase des Friedens und der Ruhe, als eine Möglichkeit, den anscheinend endlosen Fluß Ihrer Gedanken zu beruhigen und positive Veränderungen in sich selbst anzuregen.

Obwohl ich es vorziehe, den „besonderen“ Ort vom Unbewußten entwerfen zu lassen, möchten Sie ihn vielleicht ganz bewußt und nach ihren Wünschen konstruieren. Sie könnten sich zum Beispiel eine Stelle suchen, an der Sie sich gerne befinden, und dort ein Haus mit nur einem Zimmer bauen.

In „The Book of EST“ schlägt Rhinehart (1976) vor, daß Sie hierfür Ihr eigenes Material auswählen und den ganzen Aufbauprozeß mit den Händen pantomimisch darstellen sollten. In dem Zimmer können Sie einen Tisch, zwei Stühle und einen Fernseher aufstellen, einen magischen Wunschknopf anbringen und eine verstellbare Digitaluhr aufhängen, die es Ihnen möglich macht, jedes vergangene Eriegnis erneut zu betrachten. Sie können auch eine Bühne errichten, auf der Sie nach Wunsch Menschen agieren lassen, und ein „Ressourcenkämmerchen“ anlegen, in dem Sie Kleider aufhängen, die Ihnen beim Anziehen all die Fähigkeiten verleihen, die Sie gerne hätten.

Vielleicht möchten Sie sich auch gar nicht in eine solch elaborierte Phantasie vertiefen, wie sie Rhinehart vorschlägt. Dann stellen Sie sich ihren „besonderen“ Ort einfach nur als einen Raum vor, in den Sie hineingehen und die Türe vor allen Sorgen, Bedrängnissen und allem Leid verschließen können. Diese störenden Dinge lassen Sie einfach draußen. An diesem Ort ist alles absolut perfekt. Er wurde zu Ihrem Spaß, zu Ihrer Zufriedenheit, Bequemlichkeit und Sicherheit konstruiert und nichts und niemand darf ohne Ihre Erlaubnis eindringen.

Dieses Konzept des besonderen Ortes in Kombination mit der Technik der „Müllbeseitigung“ ist ein sehr wirksames Mittel, um unbewußte Potentiale mit Hilfe der Phantasie nutzbar zu machen.

Einige weitere „Müllbeseitigungstechniken“

Weil ich die Idee, Sorgen, Bedrängnisse und Unannehmlichkeiten einfach wie Müll zu beseitigen, für ausgesprochen wichtig halte, würde ich Ihnen gerne einige weitere Phantasien vorschlagen, die Ihnen dabei helfen können, diese lästigen Dinge loszuwerden. Sie lassen sich alle recht gut mit ihrem „besonderen“ Ort in Verbindung bringen.

Der „besondere“ Ort von Joan Hart ist ein wunderbar eingerichtetes Zimmer mit einem langflorigen Teppich und sehr schönen Vorhängen. In diesem Raum befindet sich ein großer offener Kamin. Joan genießt es, sich vorzustellen, wie sie vor dem Feuer steht oder sitzt und die Flammen und die brennenden Holzscheite betrachtet. Sie hört das Prasseln und Zischen des Feuers, fühlt die Wärme, die ihren Körper durchströmt und riecht den Rauch. Wenn es Dinge gibt, die sie „fortwerfen" will – zum Beispiel Schuldgefühle, Feindseligkeit, Unmut, Angst oder Zweifel – stellt sie sich vor, alle lägen auf einem kleinen Tisch und sähen aus wie bezahlte Rechnungen. Weil es nicht mehr notwendig ist, diese alten Rechnungen aufzubewahren, kann sie den ganzen Papierkram nehmen und die Blätter nacheinander ins Feuer werfen. Jedesmal, wenn eines von ihnen zu Asche wird und sich in Rauch auflöst, empfindet Joan ein Gefühl der Erleichterung, das sogar sehr euphorisch sein kann.

Der „besondere" Ort von Margaret Broadham ist ebenfalls ein bestimmtes Zimmer. Darin befindet sich eine Tafel, die einen Teil der Wand verdeckt. Wenn sie etwas bedrückt, reduziert sie die Quelle ihrer Angst auf ein paar Worte, schreibt sie auf die Tafel und wischt sie dann mit dem Schwamm vollkommen aus, daß gar nichts zurückbleibt. Auf diese Weise „wischt" sie sich auch die Probleme von der Seele.

Wenn Ihr „besonderer" Ort im Freien ist, können Sie zum Beispiel den freien Himmel über sich verwenden, um unerwünschten „Müll" zu beseitigen. Wenn Sie sich den klaren blauen Himmel vorstellen, entdecken Sie vielleicht eine dunkle Wolke, die seine makellose Reinheit stört. Diese Wolke ist der „Müll", den Sie los sein wollen. Beobachten Sie, wie diese Wolke davonschwebt und immer kleiner wird. Schließlich ist Sie kaum noch sichtbar und unbedeutend. Sie können sie auch vollkommen verschwinden lassen, wenn Sie wollen.

Wenn Sie an ihrem besonderen Ort sind, können Sie sich auch vorstellen, daß Sie einen regelrechten Aktenschrank in ihrem Magen haben. Greifen Sie in diesen Schrank und nehmen Sie eine Mappe mit Akten heraus. Stellen Sie sich vor, Sie blättern die Akten durch und suchen nach Schriftstücken, die Sie wegwerfen können, weil Sie sich erledigt haben oder weil sie nicht mehr zu dem positiveren Charakter passen, den Sie gerade entwickeln. Diese unerwünschten Akten können zerstört werden – zum Beispiel indem man sie verbrennt oder als Altpapier auf den Müll bringt.

Kommunikation mit dem Unbewußten

Manchmal – zum Beispiel wenn wir eine definitive Entscheidung treffen müssen – ist es nicht sehr produktiv, die Dinge einfach geschehen zu lassen. Auch in solchen Fällen ist es oft besser, auf unsere unbewußten Ressourcen zurückzugreifen, als zu versuchen, allein mit bewußten Mitteln zu einer Lösung des Problems zu gelangen. In dem Buch „The Plus Factor" habe ich die Methode des unbewußten Problemlösens recht ausführlich beschrieben. Ich möchte dies hier nicht in aller Ausführlichkeit wiederholen, sondern lediglich auf einige Dinge hinweisen.

Zunächst ist es die Hauptsache, sich bewußt alle verfügbaren Informationen durch den Kopf gehen zu lassen. Anschließend sollten wir ohne einen Entscheidungsversuch zu unternehmen alles beiseite legen und etwas tun, was in keinster Weise mit dem Problem zusammenhängt. Kommen Sie zu einem späteren Zeitpunkt zum Thema zurück. Sie werden erkennen, daß Sie in der Zeit, in der Sie sich nicht bewußt mit dem Sachverhalt beschäftigt haben, mehr Information gewonnen haben als auf andere Art und Weise. Denken Sie nun wieder an etwas anderes. Nach einer Weile befassen Sie sich wieder mit der Angelegenheit und wechseln so lange zwischen bewußter Beschäftigung und Nicht-Beschäftigung hin und her, bis sich die Entscheidung praktisch von selbst ergeben hat. Halten Sie Ihr Bewußtes von jeglicher Einmischung ab, indem Sie es willentlich mit anderen Dingen beschäftigen, und Sie werden die Antworten erhalten, die Sie benötigen. Wenn Ihnen dieses Vorgehen langwierig erscheint, möchten Sie vielleicht versuchen, auf direkterem Wege mit ihrem Unbewußten zu kommunizieren.

Sowohl in dem Buch „The Plus Factor" (1979) wie auch in „The Healing Factor" (1981) bin ich darauf eingegangen, wie man ein Pendel zur Kommunikation mit dem Unbewußten verwenden kann. Eine andere Art, diese Kommunikation zu bewerkstelligen, sind *ideomotorische Signale.* Wir wissen, daß sich Menschen mit Hilfe von Zeichensprache miteinander verständigen können. Das bekannteste Beispiel ist, wenn wir nicken, um zuzustimmen, oder mit dem Kopf schütteln, um unsere Ablehnung zu signalisieren. Bei anderen Gelegenheiten drücken wir die Worte „ja, komm' her" durch eine Bewegung des Zeigefingers aus oder sagen: „Gehen Sie bloß fort", indem wir mit der Hand abwinken. Obwohl wir all diese Elemente der Zeichensprache häufig verwenden, tun wir es vielleicht nicht bewußt. Solche Signale – sogenannte ideomotorische Signale – könnte man auch als unbewußte Bewegungen bezeichnen.

Diese Erkenntnis kann uns dazu verhelfen, mit unserem Unbewußten Kontakt aufzunehmen.

Entspannen Sie sich mit Hilfe einer beliebigen Methode, die sich für Sie als wirksam erwiesen hat, und vertiefen Sie diese Entspannung wenn Sie wollen, bis Sie in Trance sind. Stellen Sie ihrem Unbewußten eine einfache Frage, die sich mit „ja" oder „nein" beantworten läßt. Sie sollten eine Frage wählen, die Ihr Bewußtes nicht beantworten kann. Nur Ihr Unbewußtes weiß die Antwort und es muß sich entweder für „ja" oder für „nein" entscheiden. Dies kann durch ein Nicken oder ein Kopfschütteln signalisiert werden, durch ein Anheben eines Fingers oder des Daumens, eine Handbewegung oder irgendetwas anderes. Das Signal muß noch nicht einmal eine Körperbewegung sein – es kann sich auch nur um ein Gefühl handeln. Meine Art der Kommunikation ist ein Heben des rechten Zeigefingers für „ja" und des linken Zeigefingers für „nein" oder einfach das Gefühl, daß ich nicken oder mit dem Kopf schütteln würde. In letzterem Fall findet überhaupt keine Bewegung statt, das Gefühl ist jedoch trotzdem unmißverständlich.

Wenn Sie sich noch nie solcher Kommunikationsmittel bedient haben und Ihr erstes Antwortsignal bekommen, müssen Sie Ihr Unbewußtes fragen, ob es sich um ein „ja" oder ein „nein" handelt. Bitten Sie um eine Wiederholung, wenn es ein „ja"-Signal war. Wenn Sie nichts spüren, bitten Sie um eine Wiederholung des Signals, wenn es „nein" bedeutet. Auf diese Weise lernen Sie die Bedeutung der ideomotorischen Bewegungen, die Ihr Unbewußtes auslöst. Wenn Sie über dieses Kommunikationsmittel verfügen, haben Sie ein sehr nützliches Instrument zur Hand, um an zuvor unzugängliche Informationen zu gelangen. Es hilft Ihnen auch dabei, größeren Nutzen aus ihrem Unbewußten zu ziehen. Wir können uns jedoch auch anderer Wege bedienen, um dies zu erreichen.

Veränderung der eigenen Biographie

Diese Technik, die von Richard Bandler und John Grinder (1979) in ihrem Buch „Frogs into Princes" entwickelt wurde, wird normalerweise von Therapeuten verwendet. Sie soll Patienten dabei behilflich sein, Ereignisse aus ihrer Vergangenheit zu verändern, damit sie mit der Gegenwart besser umgehen können. Nach einer leichten Veränderung der drei grundlegenden Schritte ist es jedoch möglich, den Ansatz so zu modifizieren, daß man ihn ohne die Hilfe eines Therapeuten anwenden kann.

Zuerst sollten Sie das Verhalten identifizieren, das Sie verändern wollen, und mit Hilfe Ihrer Phantasie das mit diesem Verhalten einhergehende unangenehme Gefühl herstellen. Es kann hilfreich sein, sich hierbei eine Farbe vorzustellen, die mit den negativen Gefühlen assoziiert ist, die dann „verankert" werden. Dies bedeutet, daß Sie mit irgendeinem Signal in Zusammenhang gebracht werden – zum Beispiel mit der Berührung des linken Ellbogens durch ihren rechten Zeigefinger. So werden unangenehme Gefühle, eine Farbe und eine bestimmte Berührung assoziativ eng miteinander verbunden.

Zweitens sollten Sie ihren Erfahrungsschatz durchforsten, um festzustellen, welche Ressourcen Sie im Moment besitzen, die Sie „zurück in die Vergangenheit" mitnehmen können, um die negativen Gefühle zu verändern. Wenn Sie zum Beispiel beim Kontakt zu Fremden oft nervös und unruhig sind, stellen Sie vielleicht fest, daß Sie nun Entspannungstechniken beherrschen, auf die Sie nicht zurückgreifen konnten, als diese Art der Nervosität zum ersten Mal auftrat. Um entsprechende Ressourcen zu erkennen, können Sie an eine nicht allzu lange vergangene Situation denken, mit der Sie entspannt und ohne Schwierigkeiten umgegangen sind. Wenn es Ihnen nicht gelingt, eine Ressource zu finden, die in der eigentlichen unangenehmen Situation zu einem akzeptableren Ausgang geführt hätte, stellen Sie sich einfach vor, wie jemand anders, den Sie bewundern, mit der mißlichen Lage fertig geworden wäre. Im Regelfall ist der Gebrauch eines solchen Modells gar nicht notwendig und Sie können auf sehr lockere Art und Weise darüber nachdenken, wie sich Ihre eigenen Ressourcen verwenden lassen.

Wenn Sie über dieses Erfolgserlebnis nachdenken und das angenehme Gefühl genießen, sollten Sie eine andere Farbe mit den positiven Empfindungen assoziieren und auch einen anderen „Anker" verwenden. Sie könnten zum Beispiel ihren linken Fuß mit ihrem rechten Fuß berühren. Hiermit ist der zweite Schritt getan.

Zum Schluß sollten Sie noch einmal ihren ersten „Anker" berühren, um das unangenehme Gefühl im Zusammenhang mit dem unerwünschten Verhalten wieder zu aktivieren. Hierbei stellen Sie sich die negative Farbe vor. Während dieser Empfindung berühren Sie dann den zweiten „Anker" und spüren, wie sich das positive Gefühl wieder aufbaut und die Farbe verändert. Halten Sie beide „Anker“ fest und bleiben Sie so lange in einer entspannten Position, bis sich die unangenehmen Gefühle unter Einfluß der positiven Ressource verändern.

Diese Prozedur läßt sich auf alle ähnlichen Situationen generalisieren, denen man in Zukunft begegnet. Sagen Sie einfach zu sich selbst: „Jedesmal, wenn ich in Zukunft Fremde auf einer Party treffe und hierbei irgendeine Nervosität oder Unruhe verspüre, werde ich an meine positive Farbe denken, meinen linken Fuß mit dem rechten berühren und mich ruhig und entspannt fühlen.“

Mit Hilfe dieser Technik kann es zu deutlichen Veränderungen kommen. Dies ist vielleicht der Fall, weil sie eher auf unbewußter als auf bewußter Ebene wirkt. Ähnlich wirksam ist eine andere Methode – das Reframing, wie es Bandler und Grinder beschreiben.

Reframing

Es ist die grundlegende Annahme dieses Konzeptes, daß Sie mit dem Teil Ihrer Psyche kommunizieren können, der für das unerwünschte Verhalten verantwortlich ist. Man geht davon aus, daß wir alle über verschiedene Teile in unserem Inneren verfügen, die unterschiedliche Dinge tun wollen. Anstatt ein einziges „Ich“ zu sein, bestehen wir aus vielen kleinen „Ichs“, die uns oft in verschiedene Richtungen drängen. Ein Teil von uns ißt vielleicht unwahrscheinlich gerne und möchte sich mit Nahrungsmitteln vollstopfen, während ein anderer Teil Gewicht reduzieren will. Ein dritter Teil würde vielleicht wieder gerne zunehmen, um sich vor außerehelichen sexuellen Aktivitäten zu schützen. Es ist fast so, als wären wir multiple Persönlichkeiten, und die verschiedenen Teile würden Verhaltensweisen bei uns auslösen, die wir nicht verstehen. Obwohl wir uns vielleicht nicht darüber im klaren sind, warum wir uns auf eine bestimmte Art und Weise verhalten, sind wir uns doch unseres Verhaltens bewußt – dies unterscheidet uns von den „echten“ multiplen Persönlichkeiten.

Sobald Sie die Idee akzeptieren können, daß verschiedene Teile in Ihnen schalten und walten und verschiedene Aspekte Ihres Verhaltens kontrollieren, können Sie die Technik des Reframing verwenden. Im ersten Schritt sollten Sie das spezifische Verhaltensmuster identifizieren, das Sie verändern wollen. Hierbei könnte es sich zum Beispiel um extreme Schüchternheit, übermäßiges Essen oder starke Aggressivität handeln. Nennen wir es Verhaltensmuster X.

Als zweiten Schritt setzen wir uns dann mit dem Teil in Verbindung, der für Verhalten X verantwortlich ist, indem wir fragen: „Möchte dieser Teil, der Verhalten X auslöst, mit mir auf bewußter Ebene kommunizieren?“ Normalerweise wird sich ein ideomotorisches Signal einstellen – ein Nicken, das Anheben eines Fingers oder eine „Sinneswahrnehmung“ wie ein Kribbeln oder ein Gefühl innerer Erregung. Die Bedeutung des Signals läßt sich klären, indem wir den verantwortlichen Teil darum bitten, es zu wiederholen, wenn es „ja“ bedeutet. Sobald die positive Antwort klar identifiziert wurde, läßt sich auf ähnliche Weise ein „nein“-Signal festlegen.

Nun unterscheidet man zwischen dem eigentlichen Verhalten – Verhaltensmuster X – und dem Zweck, den der betreffende Teil mit diesem Verhalten erreichen will. Wir fragen: „Würdest du mich auf bewußter Ebene wissen lassen, was du mit Verhaltensmuster X für mich tun willst?“ Manchmal erhält man eine positive Antwort und man kann den Teil darum bitten, fortzufahren und den verfolgten Zweck bekanntzugeben. Die Information könnte einem zum Beispiel „einfach so“ aus heiterem Himmel in den Sinn kommen. Manchmal lautet die Antwort jedoch „nein“. Der betreffende Teil von uns will damit ausdrücken, daß er die verfolgten Ziele vor unserem Bewußten verbergen will.

Der nächste Schritt des Reframing besteht darin, daß Sie neue, alternative Verhaltensweisen ausarbeiten, die Ihnen nützlich sind, aber immer noch den Zwecken des beteffenden Teils dienen. Wir nehmen an dieser Stelle an, daß Sie die Ziele des betreffenden Teils akzeptieren, die Mittel zur Erreichung dieses Zieles jedoch nicht in ihrem besten Interesse sind. Alternativen werden ausgearbeitet, indem Sie den für Verhalten X verantwortlichen Teil dazu anhalten, mit dem kreativen Teil Ihrer Persönlichkeit zu kooperieren, damit neue, zur Zielerreichung geeignete Verhaltensweisen generiert werden können. Auf diese Weise wird Verhaltensmuster X überflüssig und kann abgeschafft werden. Man trifft die Vereinbarung, daß jedesmal ein „Ja“-Signal gegeben wird, wenn eine neue Alternative generiert wurde. Normalerweise begrenzt man die Zahl der Alternativen auf eine beliebige Zahl (z.B. drei).

Wenn die drei Signale gegeben wurden, fragt man den für das unerwünschte Verhalten verantwortlichen Teil: „Übernimmst du die Aufgabe, in den entsprechenden Situationen diese (drei) neuen Verhaltensalternativen zu generieren, damit Verhaltensmuster X verschwinden kann?“ Sollte die Antwort „nein“ lauten, kann man vorschlagen, daß die neuen Verhaltensvarianten für eine bestimmte Zeit – zum Beispiel einige Wochen – auf die Probe gestellt werden. Dies wird gewöhnlich mit „ja“ beantwortet. Man vereinbart dann, daß das neue Verhalten dauerhaft werden kann, wenn die Probezeit erfolgreich verläuft.

Schließlich wird noch ein letzter Test durchgeführt, um sicherzustellen, daß kein anderer Teil der Persönlichkeit die neuen Alternativen ablehnt. Man fragt: „Ist da irgendein anderer Teil von mir, der etwas gegen die (drei) neuen Alternativen einzuwenden hat?" Sollte die Antwort „ja" lauten, muß man einen Schritt zurückgehen und die abgelehnten Verhaltensweisen durch neue Alternativen ersetzen.

Obwohl man eine solche Prozedur leicht als unsinnig bezeichnen könnte, weil man der Überzeugung ist, es existieren keine verschiedenen „Teilpersönlichkeiten", ist es doch interessant, daß die meisten Menschen überhaupt keine Probleme dabei haben, das Konzept zu akzeptieren. Es scheint eine plausible Erklärung für viele zuvor unerklärbare Verhaltensweisen darzustellen. Die Erklärung mag vielleicht falsch sein – wenn Sie jedoch den Rahmen für ein erfolgreiches Veränderungsritual darstellt, erfüllt sie durchaus ihren Zweck. Viele Menschen führen hin und wieder Selbstgespräche. Bei der Prozedur des Reframing können wir dies ebenfalls tun und hierbei das Ziel verfolgen, eine für uns wünschenswerte Veränderung herbeizuführen.

Zuhilfenahme von Erfahrungen aus der Vergangenheit

Die Technik des Reframing ist recht direktiv, da wir eindeutige Fragen stellen und eindeutige Antworten erhalten. Es handelt sich um eine sehr strukturierte Situation. Vielleicht bevorzugen Sie aber eine „lockerere" Art, um Hilfe von ihrem Unbewußten zu erhalten.

Eine sehr einfache und wirksame Methode läßt sich mit Hilfe eines Beispiels veranschaulichen. Es handelt sich hierbei um eine Sitzung, die ich mit einem Versicherungsvertreter namens Don Hansen hatte.

Don Hansen war eigentlich war er einer der Top-Verkäufer von Versicherungspolicen, doch seit über einem Jahr liefen die Geschäfte schlecht. Tatsächlich hatte er im Vergleich zu den vorhergehenden vier Jahren 50% weniger Kunden geworben. Offensichtlich verfügte Don über innere Ressourcen, die seine Leistungen erheblich zu steigern vermochten. Nun war es jedoch erforderlich, mit diesen inneren Ressourcen wieder Kontakt aufzunehmen.

Ich schuf die Bedingungen, unter denen Don einen Trancezustand erreichen konnte. Er konzentrierte sich auf seine Atmung und ließ mit dem Ausatmen alle Anspannung aus seinem Körper weichen. Dann gestattete er seinen Gedanken, zu einer angenehmen Erinnerung zu wandern.

Ich bediente mich dieses Trancezustandes und sagte Don, der sich ganz fallen ließ und vollkommen entspannte, daß er sich ganz in diese Ruhe versenken und sich an einem wunderschönen und angenehmen Ort befinden könnte. Dort würde er spüren, wie er zu seinem tiefsten und innersten Selbst und der unwahrscheinlichen Kraft seines Unbewußten Kontakt aufnehmen würde. Auf diese Weise könnte er die inneren Ressourcen wiederfinden, die jede Veränderung bewirken würden, die er für wünschenswert hielt.

Ich sprach nicht über die genaue Beschaffenheit dieser Ressourcen. Ich sagte ihm nur, daß er in seinem Inneren die Kraft hätte, die gewünschten Veränderungen herbeizuführen und daß sein Unbewußtes dazu fähig sei, alles nötige zur Mobilisierung der entsprechenden Ressourcen zu tun.

Ich verglich Dons Unbewußtes mit einem Computer, der alles gespeichert hatte, was ihm im Leben je geschehen war. In diesem Speicher würde sein Unbewußtes sehr wichtige Erfahrungen ausfindig machen – Erfahrungen der Veränderung, des Lernens und des Erfolges. Sein Unbewußtes würde diese Erfahrungen – die Bilder, Klänge und Gefühle – gründlich studieren und nach dieser Wiederaufarbeitung neue Dinge lernen und neue Einsichten darüber gewinnen, was für eine Veränderung notwendig sei. Mit Hilfe dieser neuen Information würde es dann alles notwendige tun, um die Veränderung herbeizuführen.

Ich versuchte gar nicht, Don zu erzählen, welche Erfahrung er auswählen, wann er sie verwenden und zu welchem Zwecke er sie gebrauchen sollte. All diese Einzelheiten überließ ich seinem Unbewußten. Ich sagte ihm nur, daß er über die zu einer Veränderung notwendigen Ressourcen verfüge. Wenn er die von mir beschriebenen Schritte unternehmen würde, könnte er sein Problem lösen.

Er löste es tatsächlich. Während der nächsten drei Monate stieg die Zahl der von ihm verkauften Versicherungspolicen deutlich an. Von diesem Zeitpunkt an schaute er nicht mehr zurück und leistete ähnlich gute oder sogar noch bessere Arbeit als in den vergangenen Jahren. Er nahm seinen Platz als Top-Verkäufer für Lebensversicherungen wieder ein.

Auch Sie können diese Methode verwenden. Führen Sie eine Trance herbei, stellen Sie sich vor, daß Ihr Unbewußtes über die zur Erreichung des gewünschten Zieles notwendigen Ressourcen verfügt, und fordern Sie es auf, eine entsprechende Erfahrung aus der Vergangenheit ausfindig zu machen – eine Situation, in der Sie fähig waren, sich auf die von Ihnen gewünschte Art und Weise zu verändern. Bitten Sie Ihr Unbewußtes darum, diese Erfahrung wiederzubeleben und genau zu studieren. Es sollte zunächst alles notwendige zur Herbeiführung einer Veränderung lernen und dann alles tun, um das gewünschte Ziel zu erreichen.

Diese Technik wird Veränderungen bewirken, wie all die anderen Methoden, die in diesem Kapitel beschrieben wurden. Vielleicht klappt es nicht immer und nicht bei jedem – aber doch häufig genug, um das Vorgehen als eine durchaus nützliche Technik zu betrachten. Sie haben Kontrolle über die Situation und können über die gewünschte Veränderung entscheiden, obwohl es eigentlich Ihr Unbewußtes ist, das die richtigen Wege findet, um Ihre Wünsche zu erfüllen. Manchmal kann es Ihnen natürlich Schwierigkeiten bereiten, zu entscheiden, wie Sie Ihr Leben verändern wollen. In diesem Falle sind andere Methoden, die Ihnen dabei helfen, mehr über sich selbst zu lernen, wahrscheinlich hilfreicher.

4 Lernen Sie mehr über sich selbst

Tagträume

Marie Castle ist eine sehr erfolgreiche Immobilienmaklerin. Sie und ihr Mann haben den Entschluß gefaßt, erst später Kinder zu bekommen, weil Marie sich gerne im Geschäftsleben behaupten will. Marie hat aber häufig Tagträume und sieht sich in diesen Träumen als Hausfrau, die gerne kocht, näht und sich um kleine Kinder kümmert. Obwohl sie sich für kompetent, praktisch denkend und für eine dynamische Geschäftsfrau hält, ist sie in ihren Tagträumen weicher und fürsorglicher.

Bob Colgan ist das genaue Gegenteil von ihr. Zurückhaltend und wenig selbstbewußt tut er bescheiden und still seine Pflicht als Büroangestellter. In seinen Tagträumen ist er aber ein Abenteurer und eine dominante Führungspersönlichkeit.

Viele von uns haben solche Tagträume. Dies bedeutet jedoch nicht, daß wir vollkommen andere Menschen sein wollen, als wir es eigentlich sind. Die Träume weisen vielleicht auf Aspekte unserer Persönlichkeit hin, die wir eher verbergen und die uns mehr nützen könnten, wenn wir sie offener ausdrücken würden. Auch wenn wir bewußt glauben, daß wir mit unserem bisher geführten Leben recht zufrieden sein können, sehnen wir uns vielleicht unbewußt nach anderen Dingen. Dies ist insbesondere dann der Fall, wenn unsere Tagträume anscheinend das genaue Gegenteil unseres realen Lebens darstellen. Ein solcher Konflikt läßt darauf schließen, daß wir wichtige Aspekte unserer Persönlichkeit übersehen.

Wenn wir diesen Aspekten zum Ausdruck verhelfen, heißt das nicht unbedingt, daß wir unser Leben vollkommen verändern müssen. Bob könnte sich einfach dazu entscheiden, in seinen alltäglichen Interaktionen selbstbewußter und direkter zu werden. Er könnte sich auch eine neue Arbeitsstelle suchen, die ihm mehr Gelegenheit gibt, seine Abenteuerlust auszuleben. Marie könnte ihre sonst so dynamische Effektivität ein wenig mäßigen und freundlicher und weniger aggressiv werden. Sie könnte sogar noch weiter gehen und – vielleicht nur zeitweise – ihren Job aufgeben und sich der Familie widmen.

Unsere Tagträume sind bewußter und kontrollierbarer als unsere Träume während der Nacht. Man kann sich viel leichter an sie erinnern, und aus diesem Grunde sind sie eine sehr nützliche Quelle für Informationen über unsere inneren Potentiale. Dies bedeutet nicht automatisch, daß man auch entsprechend dieser Informationen handeln muß; es heißt nur, daß sie für uns einen Input darstellen, der uns zusammen mit anderem Wissen, über das wir verfügen, zeigen kann, wie wir zu „vollständigeren" Menschen werden können.

Es wäre vielleicht ein Fehler, Tagträume zu wörtlich zu nehmen. Wenn Sie ständig davon träumen, einen Kollegen zu erwürgen, bedeutet das nicht notwendigerweise, daß Sie ihn wirklich umbringen wollen. Es weist allerdings darauf hin, daß ein ernstes Problem vorliegt. Wenn Sie das Problem nicht lösen können, erscheint es vielleicht wünschenswert, sich Mittel und Wege auszudenken, damit es nicht länger nötig ist, mit diesem Menschen zusammenzuarbeiten.

Man sollte Tagträume also als Hinweise oder als Anleitungen zu möglichen Veränderungen betrachten, die das Leben angenehmer gestalten.

Tagträume scheinen tatsächlich einem gewissen Muster zu folgen. Zumeist handelt es sich um positive, fröhliche Tagträume, in denen wir in angenehmen Illusionen schwelgen. Wir erreichen große Dinge, haben besondere Kräfte, kommen zu Reichtümern, werden überaus attraktiv und haben im allgemeinen sehr viel Spaß. Auch diese Tagträume können sehr nützlich sein, weil sie unserem Leben Abwechslung schenken und uns dabei helfen, uns zu entspannen. Wir fühlen uns einfach glücklicher.

Bei anderen Träumen ist dies jedoch nicht der Fall, insbesondere, wenn sie zu häufig auftreten. Hierbei handelt es sich um Tagträume, die mit Schuldgefühlen einhergehen und die wir alle von Zeit zu Zeit haben. Wir haben wegen irgendwelchen Dingen, die wir getan oder auch nicht getan haben, ein schlechtes Gefühl. Das hört sich plausibel an, wenn wir jedoch viel Zeit in diese Tagträume investieren, fühlen wir uns wahrscheinlich miserabel und deprimiert. Tagträume, in denen wir mit realen oder nur vorgestellten Kränkungen oder Geringschätzungen unserer Persönlichkeit ins reine kommen, können wie Feindseligkeitsgedanken und Rachephantasien in vernünftigen Maßen genossen ein sehr nützliches „Auslaßventil" darstellen – eine Möglichkeit, um „Dampf abzulassen". Wenn wir uns aber in vielen Tagträumen mit Schuld, Feindseligkeit, Aggression und anderen negativen Gefühlen befassen, kann dies ein Zeichen dafür sein, daß wir unser Leben verändern müssen.

Dies mag auch für ein drittes Muster von Tagträumen zutreffen, bei denen unser Geist ziellos umherwandert. Auch diese Erfahrung machen wir alle hin und wieder. Unsere Gedanken scheinen von einer Idee zur nächsten zu wandern und nie innezuhalten. Obwohl wir uns vielleicht auf eine bestimmte Sache konzentrieren wollen, gelingt es uns nicht. Unsere Tagträume bestehen aus einzelnen Bruchstücken. Manchmal wird dieses geistige Umherwandern zum vorherrschenden Tagtraum. Wenn es auch Ihnen so geht, ist dies ein Zeichen dafür, daß Sie vielleicht mehr über sich selbst lernen sollten, indem Sie schwierige Bereiche in ihrem Leben ausfindig machen.

Spontane Vorstellungen

Hierbei kann Ihnen Ihre Phantasie helfen. Lassen Sie es einfach zu, daß Bilder vor ihrem geistigen Auge entstehen, und kommunizieren Sie mit ihnen. Schließen Sie Ihre Augen, lassen Sie sich ein Bild in den Sinn kommen und sprechen Sie mit diesem Bild. Versetzen Sie sich dann an die Stelle des Bildes und sprechen Sie zu sich. Dieses Vorgehen eignet sich ausgesprochen gut dazu, auch die Bedeutung Ihrer Nachtträume herauszufinden. Werden Sie selber zu all den Gegenständen und Personen, die Ihnen im Traum erscheinen. Auf diese Weise werden Ihnen die Bedeutungsgehalte sehr schnell klar.

Spontan auftretende Bilder können Sie verändern, sobald Sie ihren Sinn erfaßt haben.

Bob Coglan gelang dies sehr gut. Einmal, als er sich Sorgen um eine geschäftliche Angelegenheit machte, schloß er seine Augen und beschrieb mit Worten, wie er sich fühlte. Dann wartete er auf ein Bild, das dieses Gefühl verkörperte. Daraufhin erschien ihm das Bild eines weichen, fast formlosen Lehmklumpens. Bob interpretierte den Lehmklumpen als Zeichen dafür, daß er sich innerlich schwach und hilflos fühlte und sich für unfähig hielt, anderen klare Vorstellungen zu vermitteln. Glücklicherweise beließ er es nicht dabei. Er formte die Figur eines Mannes in Bewegung aus dem Lehmklumpen, setzte sie in einen Brennofen und ließ sie in ihrer endgültigen Form erstarren. Bob schuf sich ein anderes Selbstbild, das er nach und nach in Veränderungen seines Verhaltens übertrug.

Er veränderte sein Bild aus freiem Willen. Marie, die Immobilienmaklerin, tat dies nicht. Sie begann mit einem spontanen Bild: einem Diamanten – glänzend und hart. Diesen Diamanten schaute sie einfach an und beobachtete ihn, wie er begann, sich in seiner ganzen Schönheit zu entfalten. Sie versuchte nicht, das Bild zu irgendeiner Handlung zu bewegen, sondern schaute nur zu, welche Veränderungen stattfanden.

Jedes mentale Bild, das Sie auf diese Art beobachten, wird sich früher oder später verändern. Sie sollten aber Geduld üben. Lassen Sie es geschehen, wenn die Zeit gekommen ist, und wechseln Sie nicht ungeduldig von einer Vorstellung zur anderen. Bleiben Sie bei dem zu Anfang gewählten Bild und warten Sie, bis es sich von selbst verändert. Dann fragen Sie es, was die Veränderungen bedeuten. Positive Veränderungen können beibehalten werden – negativen gestattet man, wieder zu verschwinden, da bald weitere Veränderungen stattfinden werden.

In Maries Fall war die beibehaltene Veränderung ein warmes Leuchten, das als winzig kleiner gelber Punkt im Inneren des Diamanten begann. Der leuchtende Punkt wurde nach und nach größer, bis der ganze Stein mit einer Wärme und Vitalität glühte, die zuvor vollkommen gefehlt hatte. Als dies der Fall war, schmolzen die harten Kanten zu sanft geschwungenen Kurven. Marie gab sich keine Mühe, eine frühere Veränderung des Bildes beizubehalten, bei der der Diamant tiefe Muster in eine Glasscheibe schnitt. Sie entschied sich einfach ganz frei für die Veränderungen, die dauerhaft bleiben sollten.

Es ist natürlich auch möglich, noch direktiver vorzugehen und die Phantasie ganz bewußt dazu anzuregen, mehr Informationen zu liefern.

Über Türen, Fenster und Tiere

Das Bild einer Türe ist ein guter Ausgangspunkt. Stellen Sie sich eine Türe in einer hohen Mauer oder in einer Hauswand vor. Auf dieser Türe steht ein Wort geschrieben – zum Beispiel „Liebe“, „Hoffnung“, „Angst“, „Schuld“ oder irgendein anderes Wort, das mit den Dingen zusammenhängt, die Sie gerade beschäftigen. Öffnen Sie die Türe und schauen Sie nach, was dahinter ist. *Lassen Sie die Dinge ganz spontan geschehen.*

Vielleicht möchten Sie sich auch gerne drei unbeschriftete Türen vorstellen. Gehen Sie der Reihe nach durch jede der Türen. Erstaunlicherweise hat das Bild hinter der mittleren Tür häufig etwas mit sexuellen oder romantischen Beziehungen zu tun, auch wenn es sich nicht explizit um sexuelle Dinge handelt. Ein männlicher Bekannter von mir fand eine Rolle Stacheldraht, als er die mittlerer Türe öffnete. Für ihn bedeutete dies, daß seine Beziehungen immer heikel und kompliziert waren.

Hinter einer der beiden anderen Türen werden Sie vielleicht ein Bild entdecken, das darauf schließen läßt, wie Sie mit der Außenwelt interagieren. Sind Sie wettbewerbsorientiert, friedfertig, einsam? Suchen Sie verzweifelt soziale Akzeptanz? Das Bild, das Sie dort finden, kann Ihnen zu wertvollen Einsichten in Ihr Sozial- und Arbeitsleben verhelfen. Die dritte Türe gibt Ihnen vielleicht Einblick in Ihr Selbstbild und zeigt Ihnen ein Teil Ihres Innenlebens.

Auch bei anderen Bildern, die als Ausgangspunkt dienen, geht es um drei Dinge. Anstelle von Türen kann man Fenster verwenden. Sie stellen sich vor, Sie befänden sich in einem Zimmer mit drei Fenstern. Eines davon gewährt Ihnen Einblick in die Vergangenheit, das zweite in die Gegenwart und das dritte in die Zukunft. Schauen Sie einfach der Reihe nach durch jedes Fenster. Was immer Sie sehen, läßt sich gewöhnlich mit irgendeinem Problem in ihrem Leben in Zusammenhang bringen. Dann können Sie dieses Bild nach freiem Willen verändern, um die Lösung des Problems herbeizuführen. Vielleicht wollen Sie die Vergangenheit beeinflussen, um die Gegenwart zu verändern, was wiederum zu einer angenehmeren Zukunft führen kann.

Vielleicht können Sie dieses triadische Konzept dazu benutzen, ihren Lebensstil zu verändern, wie es Arthur Philips in seinem Buch „Transformational Psychology“ vorschlägt.

Man bittet den Patienten darum, die Augen zu schließen und sich vorzustellen, er wäre in einem Kino mit drei Leinwänden. Der Filmvorführer läßt nun auf einer Leinwand sein gesamtes Leben vom Anfang bis zum heutigen Tag wie einen Film im Zeitraffertempo ablaufen. Nun soll der Patient unter Zuhilfenahme seiner ganzen Kreativität, seines Humors und seiner geheimsten Wünsche dem Filmvorführer gestatten, einen alternativen Lebensverlauf auf einer der anderen Leinwände zu projizieren – ein Leben, das seinen Wünschen entspricht. Nachdem er dies getan hat, erzählt man ihm, daß ihm noch eine weitere Chance gegeben wird, sich eine vollkommen andere Geschichte auszudenken, falls er beim ersten Mal zu zaghaft gewesen wäre. Diese könnte sich auf der dritten Leinwand abspielen.

Sobald dies geschehen ist, kann der Patient die drei Filme gleichzeitig auf den verschiedenen Leinwänden betrachten. Seine Aufmerksamkeit kann er zwischen den Filmen nach Belieben hin und her schalten. Er muß jedoch sehr gut aufpassen, da der Filmvorführer an beliebigen Stellen in diesen „Lebensfilmen" Cartoons und Sketche einstreut. Sobald die simultane Vorführung zu Ende ist, fragt sich der Patient: „Ist es wirklich so bedeutsam, welcher der drei Filme das reale Leben darstellte?"

Vielleicht möchten Sie diese Phantasie einmal selbst ausprobieren. Sie könnte einige Einstellungen zu Ihrem Lebensstil etwas „lockerer" gestalten und neue Wahlmöglichkeiten eröffnen. Derselbe Effekt kann auch mit Hilfe der Vorstellung zweier Tiere herbeigeführt werden. Stellen Sie sich zwei verschiedene Tiere vor. Finden Sie das treffendste Wort, um beide zu beschreiben, und beobachten Sie die beiden, wie sie gemeinsam eine Straße hinuntergehen. Lassen Sie es zu, daß die Szene sich frei entwickelt und daß ein Tier eine Frage stellt und das andere antwortet. Nun sollte das Tier, das geantwortet hat, eine Frage stellen und das andere Tier antworten. Verfolgen Sie Ihre eigenen Gefühle und Emotionen, während Sie diese Interaktion betrachten. Shorr, der dieses Bild entwickelte und es in seinem Buch „Psycho-imagination Therapy" beschreibt, ist der Ansicht, daß die Intensität des mit den Bildern assoziierten Gefühls ein Hinweis auf die Stärke eines Konfliktes ist. Sie könnten auch auf einen zuvor unerkannten Konflikt und seine Bedeutung in ihrem Leben hingewiesen werden.

Das Bild der zwei Tiere ist also ein Mittel, um eine der verschiedenen Arten zu demonstrieren, wie Konflikte zum Ausdruck kommen. Oft stellen die beiden zwei gegensätzliche Teile in uns selbst oder den Widerstreit zwischen uns und einer anderen Person dar. Es kann auch der Fall sein, daß eine neue Verhaltensweise, die wir angenommen haben, mit einem schon länger bestehenden und etablierteren Verhalten im Konflikt steht. Ein Beispiel von Shorr verdeutlicht die Art und Weise, wie Ihnen das Bild von den zwei Tieren helfen kann. Die gestellten Fragen stehen links, die Antworten rechts.

Das Bild von den zwei Tieren (Shorr, 1972)

Stellen Sie sich zwei beliebige verschiedene Tiere vor	*Fuchs*	*Schlange*
Mit welchem Adjektiv würden Sie jedes dieser Tiere beschreiben?	*aalglatt*	*schleimig*
Welches Verb würden Sie mit dem jeweiligen Tier in Zusammenhang bringen?	*rennen*	*gleiten*
Lassen Sie jedes Tier etwas zu dem anderen sagen	*„Du kriegst mich nie."*	*„Ich kann dich töten, wenn ich will."*
Wenn der Fuchs und die Schlange einen Konflikt hätten, was würde geschehen?	*Die Schlange würde den richtigen Augenblick abwarten und zuschlagen, wenn sie den Fuchs günstig erwischen könnte.*	
Hat der Konflikt zwischen Schlange und Fuchs irgendetwas mit ihrem Konflikt zu tun?	*Verdammt! Natürlich ... , ich warte immer darauf, daß diese Frau mir Anerkennung schenkt, bevor ich auf sie zugehe. Ich ärgere mich über sie, weil ich ihr soviel Macht über mich zugestehe.*	

In Shorrs Beispiel stellte der Therapeut die Fragen. Nichts hält Sie jedoch davon ab, sowohl die Fragen zu stellen wie auch die Antworten zu geben und auf diese Weise mehr über sich selbst herauszufinden. Es gibt natürlich noch viele andere Symbole und Bilder, die Ihnen dabei behilflich sein können.

Ein Beispiel sind *Schachteln.*

Lassen Sie es zu, daß vor Ihren geschlossenen Augen das Bild einer Schachtel erscheint – einer Schachtel mit einem Deckel darauf. Sie sollten sich bei dem Versuch, wie bei anderen Vorstellungen auch, nicht zu sehr verkrampfen. Lassen Sie das Bild einfach erscheinen. Die Schachtel ist aus irgendeinem Material – Holz, Plastik, Leder oder Metall – hat irgendeine Form – rund, quadratisch oder viereckig. Wenn Sie klar vor Ihrem geistigen Auge erscheint, greifen Sie nach ihr und heben den Deckel auf. Was auch immer sich darin befindet, kann dann mental erforscht werden, und Sie können herausfinden, was es für Sie bedeutet.

Manchmal findet man gar nichts in der Schachtel. Dies kann ein Gefühl der inneren Leere symbolisieren. Sollte es der Fall sein, würden Sie vielleicht gerne etwas in die Schachtel hineinlegen. Die Schachtel kann auch einen Sarg darstellen – ein Zeichen dafür, daß Sie noch immer einem Verlust in ihrem Leben nachtrauern. Obwohl es sich hierbei meist um einen Menschen handelt, kann es auch der Verlust eines Objektes sein oder eine ungenutzte Gelegenheit darstellen. Oft wird die Notwendigkeit des Durchlebens einer Trauerphase nicht erkannt und das Bild des Sarges lenkt Ihre Aufmerksamkeit auf diesen Umstand. Die meisten Bilder sind sehr individuell und es gelingt Ihnen durch ein klein wenig Nachdenken, die entsprechende Bedeutung zu erkennen.

Schachteln können auch auf eine andere interessante Weise verwendet werden. Stellen Sie sich vor, Sie säßen an einem Tisch, auf dem sich eine Reihe von Schachteln befindet. Auf den Deckeln sind keine Beschriftungen oder Abbildungen, aber in jeder von ihnen ist ein komplettes *Puzzle* enthalten. Wählen Sie eine Schachtel, breiten Sie die Teile auf dem Tisch aus und setzen Sie das Puzzle zusammen. Da Sie dies nur in Ihrer Vorstellung tun, nimmt die ganze Prozedur viel weniger Zeit in Anspruch. Vielleicht schaffen Sie es ungefähr 30 Mal schneller als normal.

Diese Fähigkeit, Zeitverhältnisse zu verändern, wird im nächsten Kapitel ausführlicher behandelt. Im Zusammenhang mit der Vorstellung des Puzzles ist sie besonders wertvoll. Wenn Sie die Teile zusammenfügen, wird sich ein Bild ergeben, das für Sie einen bestimmten Bedeutungsgehalt hat und Ihnen Einblick in Ihre eigene Persönlichkeit ermöglicht. Wenn Sie nun die anderen

Schachteln zur Hand nehmen und die Teile zusammensetzen, die Sie in jeder von ihnen finden, werden sich andere Bilder ergeben. Diese stehen entweder in irgendeiner Beziehung zum ersten Bild oder haben eine ganz andere Bedeutung. Es ist fast so, als würden Sie in eine *Kristallkugel* schauen.

Vielleicht möchten Sie auch dieses Bild verwenden, um mehr über sich selbst zu erfahren.

Stellen Sie sich einfach vor, Sie säßen bequem vor einer großen Kristallkugel. Konzentrieren Sie sich nun auf diese Kugel und blicken Sie tief in sie hinein. Bald werden Sie sehen, wie Bilder darin erscheinen. Lassen Sie es zu, daß sich diese Bilder entwickeln und Ihre Bedeutung wird sich ergeben. Wenn Sie wollen, können Sie sich auch ganz gezielt Bilder vorstellen, die mit irgendeinem Ihrer Probleme zusammenhängen, und diese dann ziellos weiter treiben lassen.

Anstatt einer Kristallkugel können Sie auch einen *Fernsehapparat* verwenden. Stellen Sie sich vor, Sie säßen vor dem Bildschirm. Zunächst können Sie eine sehr angenehme Szene beobachten, die es Ihnen ermöglicht, einen bequemen und entspannten Zustand herbeizuführen. Lassen Sie den Bildschirm dann schwarz werden. Die Farbe Schwarz eignet sich sehr gut zur Beruhigung. Lassen Sie es nun zu, daß Bilder entstehen und daß sich etwas ereignet. Versuchen Sie nicht, willentlich zu kontrollieren, was auf dem Bildschirm geschieht. Lassen Sie es einfach geschehen. Können Sie Menschen sehen? Erinnern Sie sie an irgendjemanden? Wenn sich die Bilder verändern, lassen Sie sich mit ihnen treiben. Sagen Ihnen die gezeigten Situationen etwas über Ihre momentane Lage?

Das Bild des Fernsehgerätes können Sie auch als Sicherheitsventil für starke Emotionen verwenden. Beobachten Sie sich selbst auf dem Bildschirm, wie Sie Ihre Gefühle vor einem beliebigen Menschen, mit dem Sie es im alltäglichen Leben zu tun haben, ausleben – sei es Ihre Frau, Ihr Ehemann, Ihr Kind, ein Elternteil oder jemand anders. Wenn es sich um Ärger handelt, lassen Sie ihn hinaus wie Lava bei einer Vulkaneruption. Sie können unterdrückten Gefühlen freien Lauf lassen. Werden Sie sich zunächst Ihrer Emotionen bewußt und halten Sie sich dann nicht zurück. Sie brauchen sich nicht schuldig zu fühlen, wenn Sie Ihre Vorstellung dazu benutzen, Dampf abzulassen. Auf diese Weise besteht weniger Gefahr, daß Sie dem betreffenden Menschen oder dem Objekt tatsächlich Schaden zufügen.

Wie im Falle der Kristallkugel möchten Sie vielleicht manchmal mit einem selbstgewählten Bild beginnen und die Handlung von dort aus fortschreiten lassen oder sich im Fernsehschirm wie in einem Spiegel betrachten. Oft unterscheidet sich diese Reflektion von Ihrem realen Ich. Es kann sich um ein idealisiertes Selbstbild handeln – Sie sehen sich vielleicht so, wie Sie gerne wären. Hierbei handelt es sich um eines der Elemente einer wunderschönen projektiven Phantasie, die sich „Gandors Garten" nennt und die wir in Gibbons Buch „Applied Hypnosis and Hyperempiria" finden.

Gandors Garten und das Theater

Stellen Sie sich vor, Sie würden an einem herrlich milden Sommertag einen Waldweg entlang spazieren. Auf einmal kommen Sie zu einem großen, frisch angehäuften Erdhügel mit einer runden Holztüre an der Seite. Sie werden neugierig und gehen auf die Türe zu, die nur angelehnt ist. Als Sie hineinschauen sehen Sie einen Tunnel mit stabilen und trockenen Wänden. Obwohl es in dem Tunnel ziemlich finster ist, sehen Sie einen Lichtschein am anderen Ende. Das überrascht Sie, weil der Tunnel nach unten führt.

Sie gehen der Sache näher auf den Grund, treten in den Tunnel ein und gehen hindurch – immer tiefer in die Erde. Das Licht am anderen Ende wird immer heller. Plötzlich, als Sie fast am Ende angekommen sind, gibt der Boden unter Ihnen nach. Sie fallen Hals über Kopf in einen hellbeleuchteten Garten und finden sich wohlbehalten am Fuße eines grasbedeckten Hügels wieder.

Als Sie nach oben schauen, sind Sie von dem genialen Dachlukensystem beeindruckt, das die Beleuchtung dieses unterirdischen Gartens liefert. Sie werden durch ein helles Lachen überrascht, drehen sich herum und sehen einen lächelnden Kobold direkt neben sich, der mit einem Stab ausladend gestikuliert. Er sagt: „Ich bin Gandor und das ist mein Garten. Du bist mir willkommen, kannst herumspazieren und Dir alles anschauen. Heute bist Du mein Gast." Dann verschwindet er.

Sie beginnen, den Garten zu erforschen, und entdecken zuerst einen hübschen, glitzernden Teich im Gras bei dem Hügel, an dem Sie gelandet sind. Als Sie tief in das Wasser schauen, werden Sie sich des besonderen Zaubers bewußt, der diesem Garten zueigen ist, denn aus dem

Teich heraus schaut Sie nicht Ihr gewöhnliches Spiegelbild an, sondern Sie sehen sich, wie Sie gerne werden möchten. Plötzlich beginnt dieses Idealbild zu sprechen und sagt Ihnen Dinge über Sie, die Ihnen zuvor unbekannt waren.

Nehmen Sie sich Zeit, diese Botschaft aufzunehmen, und setzen Sie dann Ihren Weg durch den Garten fort, bis Sie nach einer Wegbiegung ein kleines Kind treffen, das fröhlich seilspringt. Das Kind lacht, winkt Sie herbei, und als Sie sich zu ihm hinunterbeugen, flüstert es Ihnen etwas ins Ohr und erzählt Ihnen etwas über Sie, das Sie fast vergessen hätten. Der Inhalt des Gesagten bezieht sich auf Ihre eigenen Kindertage und erinnert Sie an etwas, das Sie sich nun ins Gedächtnis rufen sollten, damit Sie in der Gegenwart erfüllter leben können. Hören Sie aufmerksam zu, wenn das Kind Ihnen dieses Geheimnis verrät.

Als das Kind fröhlich davonläuft, setzen Sie ihren Weg fort und kommen zu einer kleinen Lichtung, wo drei Schmetterlinge lustig in der Luft tanzen. Sie hören, daß sie eine Melodie summen, und als Sie näher kommen, verstehen Sie sogar den Text. Sie singen von dem wahren Geheimnis der Fröhlichkeit. Das interessiert Sie sehr. Verweilen Sie für eine Zeitlang und hören Sie dem Lied zu.

Dann spazieren Sie weiter. Als Sie fast am Ende des Weges angekommen sind, sehen Sie einen alten Mann, der mit übereinandergeschlagenen Beinen am Wegesrand sitzt. Er scheint zu meditieren, öffnet jedoch seine Augen, als Sie näher kommen – so als ob er Sie erwartet hätte. Der Mann beginnt zu sprechen, und aus seinem Munde wird Ihnen wieder ein besonders weiser Ratschlag zuteil, der sich auf etwas bezieht, mit dem Sie sich schon lange beschäftigt haben.

Mit diesem Ratschlag im Ohr beenden Sie Ihre Rundreise und kehren zu dem Grashügel zurück, wo Gandor Sie erwartet. „Jetzt wirst Du nach draußen zurückkehren“, sagt er, „aber Du wirst all das, was hier geschehen ist, in angenehmer Erinnerung behalten. Du wirst viel Freude an den Einsichten haben, die aus der hier im Zaubergarten gemachten Erfahrung entstehen werden. Du kannst natürlich zurückkehren, so oft Du willst, und jedesmal werden Dich mehr Überraschungen und hilfreiche Einsichten erwarten.“ Dann verlassen Sie Gandor, gehen den Tunnel hinauf, kehren schließlich in den Wald zurück und nehmen die ganze neu erlangte Weisheit mit.

Eine solche Phantasie befähigt Sie dazu, Wissen nutzbar zu machen, über das Sie schon verfügen, dessen Existenz Ihnen jedoch noch nicht bewußt ist. Durch die Erlangung dieser Bewußtheit gewinnen Sie tiefere Einsicht in Ihre Persönlichkeit und lernen mehr über sich selbst. Viele andere Phantasien erfüllen denselben Zweck.

Eine beliebte Vorstellung ist das Bild eines Theaters. Sie sitzen im Parkett und warten auf die Aufführung. Auf einmal entdecken Sie jemanden, der an der Seite der Bühne steht und hinter die geschlossenen Vorhänge schaut. Dieser Mensch kann sehen, was hinter den Vorhängen geschieht – Sie nicht. Was er sieht, scheint ihn zu erschrecken und zu verstören. Jetzt öffnen sich die Vorhänge und Sie erkennen den Grund seiner negativen Reaktionen. Sie werden sich Ihrer eigenen Ängste und der Ursachen Ihres Unglücks bewußt, weil Sie sie auf diese fiktive Person projizieren.

Sie können sich auch vorstellen, daß diese Person sehr glücklich ausschaut, so als ob Ihre sehnlichsten Wünsche erfüllt worden wären. Durch die Verwendung dieses Bildes können Sie wieder neue Einsichten in Ihre Persönlichkeit gewinnen. Mit Hilfe dieser Technik lassen sich auch Probleme bewältigen. Stellen Sie sich vor, daß die Person zunächst sehr verwirrt aussieht, später jedoch einen sehr glücklichen Eindruck macht, als hätte Sie die Lösung des Problems gefunden.

Auch Gandors weiser alter Mann konnte in dieser Beziehung oft helfen. Er gab Ratschläge, wie man Schmerz reduzieren, Schutz gewähren, Entscheidungen treffen und die allgemeine Lebensqualität verbessern kann. Offensichtlich wird das Leben angenehmer, wenn man fähig ist, Probleme effektiv zu lösen. Im nächsten Kapitel werden wir uns mit Vorstellungen beschäftigen, die uns hierbei behilflich sein können.

5 Problemlösung und Zeitverzerrung

Die Tafel

Bilder von Tafeln eignen sich sehr gut für die Problemlösung.

Man kann sich einfach vorstellen, daß auf der Tafel ein einziges geschriebenes Wort steht, das eine Lösungshilfe für das entsprechende Problem darstellt. Gebrauchen Sie dieses Wort als Ausgangspunkt für weitere Assoziationen. Schreiben Sie ein anderes Wort auf, das Ihnen aufgrund des ersten Wortes einfällt, und dann ein weiteres, das Ihnen beim Gedanken an das zweite in den Sinn kommt. Fahren Sie auf diese Weise fort. Dieser Prozeß wird Ihnen oft Klarheit verschaffen.

Vielleicht möchten Sie sich lieber eine Tafel vorstellen und sich selbst die Suggestion geben, daß „irgendetwas" darauf geschrieben wird, was mit ihrem Problem zu tun hat. Hierbei kann es sich um mehr als ein einzelnes Wort handeln. Sie können Ihr Problem auch auf eine Seite der Tafel schreiben. Dann drehen Sie die Tafel herum und schreiben die Lösung auf die andere Seite. Vielleicht erkennen Sie erst wenn Sie mit dem Schreiben beginnen, daß Sie die Lösung eigentlich schon kannten.

John Eldridge, ein Geschäftsmann, bedient sich der Tafeltechnik, um seine Ziele zu klären. Er stellt sich die Tafel vor, eine Schale mit Kreidestiften und einen Schwamm. Er nimmt ein Stück Kreide und schreibt mitten auf die Tafel: „Meine gegenwärtigen Ziele." Dann zeichnet er einen rechteckigen Rahmen um diese Worte. In die Ecke rechts oben schreibt er „Ziele, die ich dringend verfolge", in die Ecke links oben „Ziele, die ich nur halbherzig verfolge." Dann kreist er diese Worte ein – genau wie die Überschriften „Ziele, von denen ich nicht weiß, daß ich sie verfolge" in der linken unteren Tafelecke und „Ziele, zu deren Erreichung ich nichts unternehme" rechts unten.

Daraufhin schreibt John alles auf die Tafel, was man in seinem Leben als Ziel bezeichnen kann. Wenn es eindeutig ist, unter welche der vier

Überschriften sich ein Ziel einordnen läßt, schreibt er es an die entsprechende Stelle auf der Tafel. Wenn dies nicht der Fall ist, schreibt er es einfach irgendwohin. Auf Johns Tafel erscheinen nicht nur praktische, konkrete und alltägliche Ziele. Er läßt seiner Phantasie freien Lauf und denkt nicht nur an seine gegenwärtigen Bedürfnisse, sondern auch an die Zukunft. Er fragt sich zum Beispiel: „Wie würde ich in fünf Jahren gerne leben? Welche Persönlichkeitseigenschaften würde ich gerne haben? Welche materiellen Güter möchte ich mein eigen nennen?"

Sobald John all seine Ideen niedergeschrieben hat, ordnet er seine Ziele nach Kategorien. Er verwendet Pfeile, um sie mit der richtigen Überschrift zu verbinden. Dann schaut er lange und konzentriert auf die Liste der Ziele, die er nur halbherzig verfolgt. Er fragt sich: „Liegt mir wirklich an diesen Dingen?" Auf diese Weise hinterfragt er auch alle anderen Ziele – besonders diejenigen, die den Eindruck machen, als hätte er sie nicht selbst gewählt. Er fragt sich: „Bringt es mir irgendeine Befriedigung, wenn ich mir vorstelle, ich hätte diese Ziele erreicht?"

John stellt sich dann vor, er würde seine Tafel für einige Sekunden aus den Augen lassen und sich von ihr abwenden. Wenn er sie wieder anschaut, hat sie sich verändert. Die Ziele, die ihn wirklich interessieren, leuchten nun hell auf. Die meisten von ihnen, wenn auch nicht alle, befinden sich in der rechten oberen Ecke. Manche stehen auch links unten – Ziele, von denen John noch nicht einmal wußte, daß er sie verfolgte. Hin und wieder leuchtet auch eines der zuvor halbherzig verfolgten Ziele hell. All diese Ziele werden dann mit Pfeilen der Überschrift „Ziele, die ich dringend verfolge" zugeordnet.

Eigentlich lernte John diese Technik aus dem Buch „Hypnosis with Friends and Lovers" von Freda Morris (1979). Sie schlägt vor, daß man seine Ziele, nachdem man sie auf diese Art und Weise identifiziert hat, wie folgt in Worte fassen sollte:

Ziele sollten in Worte gefaßt werden (Morris, 1979)

* Positiv – nicht „ich höre mit dem Rauchen auf" sondern „Jeder Atemzug füllt meine Lungen mit der reinsten und saubersten Luft, die es gibt."

* In der Gegenwartsform – so als ob die Ziele schon erreicht wären.
* In der Aktivform – „Ich habe mein Gewicht um 10 Kilo reduziert.“ Dies erinnert Sie daran, daß Sie selbst etwas tun müssen.

Die Liste von Zielen sollten Sie unbedingt niederschreiben. Vielleicht verwenden Sie ganz besonders kostbares Papier, da es um ausgesprochen wichtige Dinge geht. Ordnen Sie die Ziele nun nach ihrer Priorität. Wenn Sie abends einschlafen, stellen Sie sich vor, wie Sie die Ziele mit hoher Priorität erreichen. Am nächsten Morgen beim Aufwachen konzentrieren Sie sich wieder auf sie und überlegen sich etwas, das Sie im Verlaufe des Tages zur Erreichung dieser Ziele tun könnten.

Durch die Veränderungen beeindruckt, die sie bei John aufgrund der Tafeltechnik feststellte, fand seine Frau Paula ebenfalls Verwendung für diesen Ansatz. Sie stellt sich vor, sie würde in ein schönes Zimmer mit einer gläsernen Wand gehen, durch die man einen herrlichen Garten sieht. An einer anderen Wand des Zimmers befindet sich eine große Tafel. Sie geht zur Tafel, nimmt ein Stück Kreide und zeichnet eine Linie, die die Tafel in zwei Hälften teilt. Auf die linke Seite schreibt sie ein Wort wie „Schmerzen“. Dieses Wort wird ganz klein geschrieben und anschließend mit einem Lumpen ausgewischt. Dann geht Paula zur rechten Seite der Tafel und schreibt mit viel größeren Buchstaben das Wort „Glück“. Dieses Wort bleibt auf der Tafel stehen und sie betrachtet es genau.

Dann kehrt Paula zur linken Seite der Tafel zurück und schreibt ein anderes Wort auf, zum Beispiel „Depression“. Wieder verwendet sie sehr kleine Buchstaben. Sie wischt das Wort sofort aus, geht zur rechten Seite der Tafel und schreibt mit großen Lettern das Wort „Freude“. Dieses Wort bleibt wieder stehen und der Vorgang wiederholt sich einige Male. Die Wörter, die negative Gemütszustände beschreiben, werden auf die linke Seite geschrieben und sofort wieder ausgewischt. Positive Wörter schreibt sie mit größeren Buchstaben auf die rechte Seite, und sie werden stehen gelassen. Am Ende dieser kleinen Übung schaut sich Paula die Tafel an und denkt darüber nach, was die Begriffe bedeuten. Dann geht sie zur anderen Seite des Zimmers, schaut aus dem Fenster in den schönen Garten und fühlt sich froh und glücklich.

Diese Technik ist für viele Menschen eine geeignete Methode, um Stimmungen zu verändern – ein Thema, dem wir in Kapitel 11 weiter nachgehen werden. Paula stellt fest, daß sie sich auf diese Weise unerwünschter Gefühle entledigen kann. Sie gebraucht die Methode zusammen mit anderen bildhaften Vorstellungen, die ihr dabei helfen, mit Problemen umzugehen. Am besten gefällt ihr die Vorstellung, in den wolkenverhangenen Himmel zu schauen und zu wissen, daß eine leichte Brise kommen wird, die alle Wolken vertreiben wird. Sobald sie verschwunden sind, läßt sich eine zuvor versteckte Szene klar erkennen. Diese Vorstellung klärt ein bestimmtes Problem, das sie beschäftigt.

Die Affektbrücke

Viele der Probleme, die uns beschäftigen, haben ihre Wurzeln in der Vergangenheit, und es existieren einige interessante Möglichkeiten, um sie mit Hilfe unserer Phantasie zu bewältigen. Mit Hilfe der Affektbrücke können wir zum Beispiel zu einer traumatischen Situation in der Vergangenheit zurückkehren, an die wir keine bewußte Erinnerung haben. Hierbei geht es darum, das gegenwärtige negative Gefühl näher in Augenschein zu nehmen und es zu seinem Ursprung zurückzuverfolgen.

Ron Aldridge neigte zu gewaltigen Wutausbrüchen. Er verwendete die Methode, um sein eigenes sowie das Leben seiner Mitmenschen angenehmer zu gestalten. Zunächst setzte sich Ron still hin und entspannte Körper und Geist. Dann aktivierte er das unangenehme Gefühl, seinen überwältigenden Ärger und seine Wut, indem er sich an eine Situation erinnerte, in der er aufbrausend reagiert hatte. Er stellte sich die Situation so lebhaft wie möglich vor und intensivierte seine Emotionen so gut er konnte, um sich die ganze Stärke seiner Gefühle ins Gedächtnis zurückzurufen.

Dann blendete er die gegenwärtige Situation aus und konzentrierte sich ausschließlich auf das Gefühl, immer ärgerlicher zu werden. Er verfolgte die Emotion zeitlich zurück, als handele es sich um ein langes Seil oder eine Brücke, die ihn dahin zurückführte, wo er zum ersten Mal solchen Ärger verspürte. Ron stellte sich diese Situation vor und versuchte herauszufinden, in welchem Alter sie stattgefunden hatte und was geschehen war. Er wollte sicherstellen, daß es wirklich das erste Mal war, daß er diesen gewaltigen Ärger empfand. Anfangs gelang es ihm nicht, zu dieser allerersten Erfahrung zurückzukehren. Er verfolgte seine Gefühle jedoch immer weiter in die Vergangenheit, bis er ganz sicher war, daß er den ersten seiner Wutausbrüche identifiziert und in seiner Phantasie wiederhergestellt hatte.

Dann kehrte Ron den Prozeß um. Er verfolgte das Seil wieder zurück und gelangte zur nächsten Situation, in der er einen gewaltigen Wutausbruch hatte. Nicht nur diesen sondern alle weiteren erlebte er in seiner Phantasie wieder. Er durchlebte die Situationen jedoch nicht nur in seiner Vorstellung sondern bewertete sie auch von seinem jetzigen Standpunkt als Erwachsener neu. Er verstand zwar, warum er sich als Kind so verhalten hatte, sah aber ein, daß er sich als Erwachsener nicht mehr so verhalten brauchte.

Dieselbe Technik kann verwendet werden, um negative Gefühle zu beseitigen. Rufen Sie sich einfach eine oder mehrere Situationen aus der näheren Vergangenheit ins Gedächtnis, in denen Sie mit sich selbst unzufrieden waren. Vielleicht schämten Sie sich aufgrund Ihrer mangelnden Kompetenz, ärgerten sich darüber, daß Sie zu schüchtern waren, oder hatten Schuldgefühle, weil Sie wegen einer Kleinigkeit überreagierten. Die Situation an sich spielt keine Rolle. Wichtig ist das Gefühl, das Sie verspüren, wenn Sie mit sich selbst unzufrieden sind. Intensivieren Sie diese Emotion. Baden Sie förmlich in dem Gefühl, etwas verkehrt gemacht zu haben und ein Versager gewesen zu sein.

Verfolgen Sie dieses Gefühl des Versagens zurück in die Vergangenheit – gehen Sie zurück zu Situationen, in denen diese Emotion auftrat. Versuchen Sie nicht, sich krampfhaft zu erinnern, lassen Sie es einfach geschehen und es wird gelingen. Die Situationen werden Ihnen einfallen. Erleben Sie jede einzelne in Ihrer Phantasie wieder und verstärken Sie jedesmal das Gefühl, versagt zu haben und nutzlos zu sein. Es wird Ihnen wahrscheinlich gelingen, zur allerersten Situation zurückzukehren, in der Sie diese dumpfe Leere und diesen Ärger auf sich selbst empfanden.

Dann atmen Sie tief ein und aus. Entspannen Sie sich vollkommen und gestatten Sie den negativen Emotionen, zu verschwinden, während Sie noch immer an diese erste Situation denken. Verändern Sie nun die Situation. Verändern Sie sie so, daß Sie zum Gewinner werden. Arbeiten Sie sich dann wieder in die Gegenwart vor, wobei Sie jeden Fehlschlag in einen Erfolg umwandeln und positive statt negative Gefühle empfinden. Von Ihrem gegenwärtigen Standpunkt eines Erwachsenen aus gesehen können Sie diese Fehler in Ihrer

Kindheit bereinigen. Heute verfügen Sie über Ressourcen, die es Ihnen ermöglichen, solche Situationen viel effektiver zu handhaben, so wie Sie auch viel positiver mit Ihren gegenwärtigen Schwierigkeiten umgehen können.

Zurück zum Theater

Manchmal ist es wünschenswert, sich bei der Aufarbeitung der Erinnerungen zu distanzieren, damit diese ihren negativen Einfluß verlieren. Das Bild des Theaters aus dem letzten Kapitel kann hier gute Dienste leisten.

Sie betrachten eine Szene aus Ihrer eigenen Vergangenheit, die vielleicht einige Minuten vor dem Zeitpunkt beginnt, an dem Sie zum ersten Mal Bekanntschaft mit Ihrer schlechten Gewohnheit, Ihrer negativen Emotion oder der Verhaltensweise machten, die Sie gerne verändern wollen. Warten Sie einen Moment. Lassen Sie die Szene ganz von allein auf der Bühne vor Ihnen erscheinen. Stellen Sie sich einfach vor, daß Sie ruhig und entspannt in einem komfortablen, weichen Sessel sitzen, während sich die Szene vor Ihnen entwickelt.

Sobald die Szene erscheint, können Sie sie ganz nüchtern und wie ein Außenstehender betrachten. Ohne Anspannung, Angst oder Schmerz zu verspüren können Sie den Moment herausfinden, an dem der Schauspieler, der Ihre Rolle spielt, beginnt, sich unbehaglich zu fühlen. Was hat diese Reaktion ausgelöst? Stellen Sie sicher, daß Sie ganz entspannt bleiben, während Sie das Geschehen „vorne auf der Bühne" beobachten. Wenn Sie aufkommende Erregung oder Anspannnung bemerken, schalten Sie Ihre Phantasie kurz ab und konzentrieren Sie sich auf Ihre Atmung. Lassen Sie sich mit jedem Ausatmen weiter fallen. Diese Fähigkeit, Bilder an- und auszuschalten, ist von äußerster Wichtigkeit, wenn Sie Ihre Phantasie zur Selbsthilfe verwenden. Wenn Sie wieder entspannt sind, kehren Sie einfach in das Theater zurück.

Wenn die Szene sich dem Ende nähert, denken Sie darüber nach, welche Gefühle der Schauspieler hat, der Ihre Rolle spielt. Was hat er getan oder nicht getan, um zu dem unerwünschten Ausgang beizutragen? Blenden Sie die Szene dann langsam aus. Nun werden Sie das Drehbuch abändern. Lassen Sie die Szene auf der Bühne ablaufen, wie es Ihren Wünschen entspricht. Stellen Sie sich vor, Sie würden die Dinge sagen und tun, die Ihren Fehlschlag in einen Erfolg verwandeln.

Unsere Gewohnheiten und körperlichen Symptome können als eine Art Drehbuch betrachtet werden, dem unser Körper in bestimmten Situationen automatisch folgt. Wenn Sie dieses Drehbuch mit Hilfe Ihrer Phantasie verändern, können Sie neue, viel positivere Gewohnheiten und Symptome entwickeln.

Wenn Sie zum Beispiel ein bestimmtes unangenehmes Gefühl bis in Ihre frühe Kindheit zurückverfolgen, das zum ersten Mal auftrat, als Ihre Mutter Sie ärgerlich fortschickte, nachdem Sie sich ihr angenähert hatten, verändern Sie einfach die Szene. Ersetzen Sie die Zurückweisung durch etwas Positives, das in die entsprechende Situation paßt. Stellen Sie sich vor, wie Sie als Kind von Ihrer Mutter freundlich empfangen und in den Arm genommen werden. Gestalten Sie Ihre Vergangenheit neu, und Sie können Ihre Gegenwart drastisch verändern. Sie können Ihre Vergangenheit auch durch einen Prozeß der Altersregression wiedererleben.

Altersregression

Bei den in diesem Kapitel beschriebenen Techniken geht es darum, zu einem Zeitpunkt in Ihrer Jugend zurückzukehren und vergangene Ereignisse wiederzuerleben. Manchen Menschen gelingt dies auf sehr lebhafte Art und Weise. Bei Ihnen handelt es sich im wahrsten Sinne des Wortes um ein „Wiedererleben". Andere erinnern sich zwar hinreichend gut, haben jedoch nicht das Gefühl, sich zeitlich zurückzuversetzen. Trotzdem gelingt es diesen Menschen immer noch, hervorragende Resultate mit den Altersregressionstechniken zu erzielen, die hier beschrieben werden. Wieder muß gesagt werden, daß sich bessere Resultate einstellen, wenn man zunächst in Trance geht und seine Phantasie auf entspannte und unverkrampfte Weise gebraucht.

Sehen Sie das *Buch der Zeit* vor sich – ein Buch, in dem Sie Photographien aus ihrem ganzen Leben finden. Die gerade aufgeschlagene Seite zeigt ein Photo von Ihnen, wie Sie heute aussehen. Schlagen Sie ein Jahr zurück, und plötzlich werden Sie wieder dort sein, wo Sie zu diesem Zeitpunkt waren. Sie fühlen dasselbe und verfügen über das Wissen, das Sie vor einem Jahr hatten. Sie können weiter zurückblättern – Jahr um Jahr – und immer weiter zurückgehen. Sie können an jeder beliebigen Stelle anhalten und die Erlebnisse erforschen, die Sie in diesem Alter hatten. Wenn Sie dann wieder zu ihrem gegenwärtigen Alter zurückkehren wol-

Zeiterleben: Album
Bücherregal...
Zimmer,
Dachboden
Gegenstände

len, blättern Sie [illegible] uf diese Weise können Sie sich mit Leic[illegible]ckbewegen.

Vielleicht möc[illegible]res Zimmer gehen, an dessen Wänden B[illegible]en sich Tagebücher – eines für jedes Jah[illegible] können Sie diese Tagebücher verwende[illegible]lem relevante Informationen zu finden [illegible]Vergangenheit zu lernen. Sie können a[illegible] alte Photographien, Zeugnisse und Briefe zurückgreifen, die in Schubladen unter den Bücherregalen aufbewahrt sind. Dachkammern und Lagerräume sind interessante Orte, an denen man sich Szenen aus der eigenen Vergangenheit ins Gedächtnis rufen kann. Sie sind mit altem Gerümpel, Spielsachen und Erinnerungsstücken aller Art angefüllt. Sie können irgendetwas zur Hand nehmen und zu dem Alter zurückkehren, in dem Sie damit umgegangen sind. Es kann sehr nützlich sein, sich vorzustellen, daß das ausgewählte Objekt immer größer wird, während Sie kleiner werden. Dann sehen Sie eine Türe in dem Objekt, durch die Sie hineingehen können. Sobald Sie durch die Türe gehen, sind Sie so alt wie zu dem Zeitpunkt, als das betreffende Objekt in Ihrem Leben erschien. Sie können Ereignisse aus dieser Zeit wiedererleben und dann wieder zu Ihrer momentanen Größe zurückkehren, indem Sie einfach durch die Türe zurückkehren.

Es gibt viele andere Arten, die Phantasie zu gebrauchen, um in der Zeit zurückzugehen. Stellen Sie sich vor, Sie steigen in einen Zug ein. Es handelt sich dabei um ein ganz besonderes Fortbewegungsmittel – einen *Zug durch die Zeit.* Wenn Sie aus dem Fenster schauen, stellen Sie fest, daß Sie durch verschiedene Zeitabschnitte Ihres Lebens zurückbefördert werden. Die Meilensteine, an denen Sie vorüberkommen, sind die Meilensteine in Ihrem Leben. Die Szenen, die Sie durch das Fenster sehen, sind die Ereignisse, die Sie miterlebt haben. Immer wenn Sie an einem wichtigen Ereignis angelangt sind, hält der Zug an und Sie können aussteigen, um die jeweilige Situation gründlich zu erforschen. Wenn dies geschehen ist, bringt Sie der Zug wieder zurück in die Gegenwart.

Auch der Gebrauch eines *Kalenders* kann sehr vorteilhaft sein. Stellen Sie sich vor, der Kalender würde das heutige Datum anzeigen. Sie können so schnell Sie wollen durch die Zeitspanne Ihres ganzen Lebens zurückblättern und zu irgendeiner Zeit anhalten, die Sie besonders interessiert. Sie können zurückkehren, indem Sie umgekehrt verfahren.

Vielleicht möchten Sie einen *Zauberritt* auf einem Teppich unternehmen und in luftiger Höhe den breiten „Fluß der Zeit" überqueren. Flußabwärts liegt die Zukunft, flußaufwärts die Vergangenheit. Direkt unter Ihnen befindet sich ein Meilenstein, der für die Gegenwart steht. Ihr Teppich fliegt flußaufwärts, über einen Meilenstein nach dem anderen, bis er an einem für Sie wichtigen Zeitpunkt anhält.

All diese Techniken sind sehr flexibel und leicht anzuwenden. Es macht auch sehr viel Spaß, wenn wir uns der Fähigkeit unserer Phantasie bedienen, uns mühelos durch Zeit und Raum tragen zu lassen und uns in der Vergangenheit Begegnungen mit unserem eigenen Ich zu ermöglichen. Oft ist es sehr hilfreich, das Kind in uns wiederzuerkennen, uns unserer früheren Eigenschaften zu erinnern und sie liebzugewinnen.

Dies läßt sich interessant und sehr lebhaft bewerkstelligen, wenn Sie sich vorstellen, daß Sie als kleines Kind in der Türe des Raumes stehen, in dem Sie sich gerade befinden. Wie sieht das Kind aus? Wie alt ist es und welche Kleidung trägt es? Welche Gefühle hat das Kind bei dem Gedanken, zu Ihnen ins Zimmer zu kommen und Sie zu treffen? Wie würden Sie mit Ihrem gegenwärtigen Wissen und Ihrer Einsicht als Erwachsener darauf reagieren, wenn das Kind jetzt ins Zimmer käme? Wie würden Sie dem Kind vermitteln, daß es erwünscht ist, daß Sie seine Anwesenheit zu schätzen wissen und daß Sie es gern haben? Es existieren vielleicht noch viele andere Fragen, die Sie sich stellen können, während Sie in Ihrer Vorstellung mit dem Kind zusammen sind, das Sie selbst einmal waren.

Wenn Sie die oben beschriebenen Methoden verwenden, um die Zeit zurückzudrehen, können Sie viel über sich selbst und die Ursachen Ihrer gegenwärtigen Probleme lernen. An dieser Art der Altersregression ist jedoch nichts besonders Ungewöhnliches. Wir verwenden Sie ganz natürlich und recht häufig, ohne es uns absichtlich vorzunehmen. Zeitverzerrungen sind, mit anderen Worten gesagt, ganz alltägliche Ereignisse.

Zeitverzerrungen

Die Zeit ist nicht wirklich das, was sie zu sein scheint. Manchmal kann sie sehr schnell vergehen. Denken Sie an Momente, in denen Sie wirklich Spaß hatten und daran, wie die Zeit förmlich im Fluge verging. Vergleichen Sie Zeitabschnitte, in denen Sie vollkommen in ein Gespräch, einen Film oder ein Buch vertieft waren, mit Zeiten der Langeweile. Obwohl die eigentliche Zeitspanne dieselbe gewesen sein mag, verging die Zeit im ersten Falle schnell und im zweiten Falle langsam. Ich erinnere mich noch daran, wie die langweiligen und eintönigen Universitätsvorlesungen ewig zu dauern schienen, während die interessanten viel zu schnell vorübergingen. Jede Vorlesung dauerte jedoch 50 Minuten.

Wir nehmen die Zeit nicht konstant wahr. Unser Zeitempfinden ist ebenso veränderlich wie wir selbst. Diesen Umstand können wir jedoch zu unserem Vorteil verwenden.

Beryl Sharp gelang dies besonders gut. Sie hatte eine Abneigung gegen Flugreisen. Obwohl es mir gelang, ihre Flugangst auf ein gemäßigtes Niveau zu reduzieren, zog sie es noch immer vor, Flugzeuge zu meiden. Unglücklicherweise mußte sie in ihrem Beruf als Handlungsreisende mehrere Fernreisen im Jahr unternehmen und manchmal große Distanzen überbrücken. Zeitverzerrung war die geeignete Methode für sie. Sobald sie in das Flugzeug stieg, dauerte eine volle Stunde für sie nur noch fünf Minuten. Auf diese Art und Weise kam ihr ein vierstündiger Flug vor, als wäre er nach 20 Minuten beendet.

Obwohl es sich nahezu unmöglich anhört, handelt es sich doch um kein allzu schwieriges Unterfangen. Wenn wir akzeptieren können, daß die Zeit in unserem alltäglichen Leben manchmal schnell und manchmal langsam vergeht, bedeutet das, daß wir über Ressourcen verfügen, die Zeit willkürlich zu unserem Vorteil zu manipulieren.

Kindern gelingt dies sehr gut. Bei einer Induktionstechnik für Kinder bitte ich sie darum, sich ihre Lieblingssendung im Fernsehen vorzustellen. Dann sage ich ihnen noch, daß sie hierfür etwa drei Minuten Zeit haben. Das Programm soll dabei aber so schnell ablaufen, daß die Zeit vollkommen ausreichend ist, um die ganze Sendung zu sehen. Kinder haben anscheinend wenig Schwierigkeiten, ihr subjektives Zeitempfinden vom objektiven Zeitverlauf abzugrenzen. Sie wissen, daß die Zeit langsam vergeht, wenn sie gespannt auf Weihnachten warten, aber viel schneller, wenn sie in der kommenden Woche einen Zahnarzttermin haben.

Sie können die Zeitverzerrung zum Beispiel üben, indem Sie sich eine *alte Standuhr* vorstellen. An dieser Uhr können Sie die Zeiger schneller oder langsamer bewegen, um zu einem bestimmten Zeitpunkt an einem beliebigen Tag anzukommen. Unter dem Zifferblatt der Uhr befindet sich eine Skala, die das Datum anzeigt. Auf diese Weise können Sie Ihre Vorstellung gebrauchen, um ein Ereignis schneller oder langsamer vorübergehen zu lassen, als es tatsächlich der Fall ist.

Beryl Sharp gelang es zum Beispiel, in die Zeit vor drei Jahren zurückzukehren, als ihr Vater starb. Seit damals fühlte sie sich schuldig, weil sie unfähig gewesen war, echte Trauer auszudrücken. Während einer objektiven Zeitspanne von fünf Minuten durchlebte sie drei Tage der Trauer. Bei einer anderen Gelegenheit, bei der sie als Zeugin eines Autounfalls vor Gericht geladen wurde, versetzte sie sich geistig in das Ereignis zurück und erlebte in einer Minute die Geschehnisse, die sich während zehn Minuten zugetragen hatten.

Beryl besitzt keine magischen Kräfte, sie hat lediglich gelernt, von einer Ressource Gebrauch zu machen, über die wir alle verfügen. Ihre Vorstellungskraft hilft ihr dabei. Mit dieser Technik bewältigt sie auch ihre Probleme. So wie sie sich mit der Altersregression in der Zeit zurückversetzt, benützt sie die Altersprogression, um in die Zukunft zu gehen. Wenn sie ein Problem hat, versetzt sie sich drei Monate weiter in die Zukunft – in eine Zeit, in der das Problem bereits gelöst ist. Dann fragt sie sich, wie es ihr gelungen ist, die Schwierigkeiten zu bewältigen. Ihr Unbewußtes sagt ihr, welche Schritte sie unternommen hat. Diese Strategie kann sie nun in der Gegenwart verfolgen.

Dieser Ansatz sowie die vielen anderen in diesem Kapitel beschriebenen Techniken eignen sich sehr gut dazu, Ängste zu bewältigen – ein Thema, mit dem wir uns als nächstes befassen werden.

6 Angstbewältigung mit Hilfe der Phantasie

Über Farben, Fäuste, Leinwände und Ablagefächer

Beginnen wir mit einigen Beispielen.

Immer wenn sie ihren angeheirateten Verwandten Witze erzählen oder sie auf andere Art unterhalten sollte, wurde Julie Harrington sehr ängstlich. Sie kam sich bei dieser Gelegenheit wie in einer Prüfungssituation vor und fühlte sich wie eine Studentin kurz vor dem Examen. Um ihr bei der Bewältigung dieses Problems zu helfen, bat ich Julie darum, sich eine solche typische Party vorzustellen und sich auf die Beschreibung ihrer Angst zu konzentrieren. Nachdem sie ein wenig nachgedacht hatte, erzählte sie, daß sie das Gefühl hätte, ihr wäre „die Luft ausgegangen", als befände sich ein Ballon in ihrem Inneren. Ich bat sie darum, den Ballon näher zu beschreiben – seine Form, Größe, Farbe und Oberflächenstruktur. Als sie dies getan hatte, schlug ich ihr vor, einige dieser Eigenschaften zu ändern und acht zu geben, was mit dem Angstgefühl geschehen würde. Eine Veränderung der Farbe zeigte den größten Erfolg. Als sie den grünen Ballon gelb machte, verringerte sich ihre Anspannung deutlich. Mit anderen Farben ließ sich dieser Effekt nicht erreichen. Auch eine Veränderung der Form, der Größe oder der Oberflächenstruktur führte zu keinem günstigen Ergebnis.

Der Abteilungsleiter Stuart Roberts wird ängstlich, wenn er Lehrlingen an seiner Arbeitsstelle Anweisungen geben muß. Er kann dieses Gefühl recht gut kontrollieren, indem er ein paarmal tief durchatmet und sich vorstellt, die ganze Spannung wandere in seine rechte Hand, die er gleichzeitig mehr und mehr zur Faust ballt, bis es nicht mehr stärker geht. Die ganze Angst ist in dieser Faust eingeschlossen. Sobald er merkt, daß sein Körper nicht mehr unter Anspannung steht, öffnet er seine Hand und läßt auch aus ihr die Spannung weichen. Dieses plötzliche Loslassen hilft Stuart im allgemeinen besser, als eine graduelle Entspannung über zehn langsame und tiefe Atemzüge hinweg. Manch einer mag jedoch letztere Methode als wirksamer empfinden.

Marlen Hindley bedient sich einer „Sorgenleinwand“, um mit beklemmenden Gefühlen umzugehen. Sie stellt sich eine Kinoleinwand vor, die sich irgendwo außerhalb, abgelöst von ihrer Person befindet. Wenn Dinge geschehen, die Anspannung und Unruhe auslösen, projiziert sie diese auf die „Sorgenleinwand“, anstatt sie auf ihr Gemüt und ihren Körper einwirken zu lassen. Da sie nicht länger ein Teil von ihr selbst sind, kann sie ihre Sorgen Sorgen sein lassen und braucht sich nicht mehr um sie zu kümmern. Wenn sie Lust dazu hat, kann sie sich später mit ihnen auseinandersetzen oder sie vollkommen verschwinden lassen.

Jim Danielson verwendet eine ähnliche Methode. Als Vorarbeiter in einer Fabrik bedient er sich verschiedener Ablagefächer, um mit seinen Sorgen umzugehen. Er ordnet Ärger und Probleme in Fächer ein und braucht sich keine weiteren Gedanken mehr darüber zu machen.

Viele unserer unguten Gefühle werden durch vage und diffuse Sorgen und Ängste ausgelöst, die durch unseren Kopf jagen und uns davon abhalten, klar zu denken. Wenn wir unsere Probleme konkretisieren, indem wir sie zum Beispiel auf ein Blatt Papier schreiben, können wir viel besser damit umgehen. Oft stellen wir dann fest, daß unsere Sorgen uns gar nichts bringen. Wir haben die Wahl: Sollen wir uns weiterhin Gedanken über unsere Probleme machen und zulassen, daß sie uns auf die Nerven gehen, oder sollen wir sie einfach aus unserem Kopf verbannen? Dies ist häufig schwer zu bewerkstelligen und es kann sehr hilfreich sein, mit verschiedenen Ablagefächern zu arbeiten.

An einer Stelle in James Clavells großartigem Buch „Shogun“ spricht die Japanerin Mariko mit dem Engländer Blackthorne, als dieser nach einem Streit mit dem katholischen Priester sehr erregt ist. Mariko sagt: „Um alles in der Welt, ich bitte Sie darum, sich wie ein Japaner zu verhalten. Vergessen Sie diesen Vorfall. Es war einfach nur ein Ereignis – eines von zehntausenden. Sie dürfen nicht zulassen, daß er Sie aus dem Gleichgewicht bringt. Verbannen sie ihn in ein Ablagefach. Ordnen Sie alles, was geschieht, in eigens dafür angelegte Fächer ein.“

Bildhafte Vorstellungen können diesen Prozeß unterstützen.

Stellen Sie sich ein großes Haus oder ein Schloß mit vielen Zimmern vor. Sie betreten das Schloß, gehen zu einem bestimmten Raum, öffnen die

Türe und legen das Problem in diesem Zimmer ab. Dann gehen Sie fort, schließen die Tür hinter sich und nehmen sich vor, dieses Problem oder diese Sorge solange nicht mehr herauszuholen, bis Sie konstruktiv daran arbeiten können.

Julie, Stuart, Marlene und Jim verwenden ihre gesamte Phantasie, um effektiver mit Angst umzugehen. Obwohl wir vielleicht Probleme haben, diesen Zustand exakt zu beschreiben, wissen wir genau, wann wir Angst haben. Wir sind beunruhigt und fühlen uns nicht wohl – so, als ob gleich irgendetwas Schreckliches passieren würde. Es kann zu körperlichen Symptomen wie Schweiß auf den Handinnenflächen, Magenbeschwerden und Kopfschmerzen sowie zu psychischen Begleiterscheinungen wie Reizbarkeit und Ungeduld kommen. Wir werden durch erhöhte Adrenalinausschüttung erregt und sind bereit zu kämpfen oder zu flüchten. Unglücklicherweise wissen wir für gewöhnlich nicht, mit wem wir kämpfen oder vor wem wir flüchten sollen – wenn wir es jedoch wissen, können wir nicht tatsächlich mit Kampf oder Flucht reagieren. Wir müssen unsere Reaktion unterdrücken und andere Wege finden, um unsere erhöhte Erregung zu reduzieren. Betrachten wir einige andere Möglichkeiten und gebrauchen wir wieder einmal unsere wirksamste Waffe – unsere Phantasie.

Loslösung

Marlene und Jim bedienen sich eines Ansatzes, bei dem sie sich von der Quelle der Angst oder – wenn diese Quelle unbekannt ist – von den Angstsymptomen loslösen und entfernen. Wir neigen dazu, von den Dingen dominiert zu werden, mit denen wir uns identifizieren. Im Gegensatz hierzu können wir Kontrolle über all das ausüben, wovon wir uns distanzieren. Jedesmal, wenn wir uns zum Beispiel mit einer Krankheit, mit Ängsten oder Fehlschlägen identifizieren, jedesmal, wenn wir zugeben, daß wir verärgert oder gereizt sind, werden wir mehr und mehr von der Krankheit, der Angst, dem Gefühl des Versagens, dem Ärger oder der Gereiztheit eingenommen. Indem wir uns mit diesen Gefühlen identifizieren, machen wir sie uns zueigen. Dies muß jedoch nicht geschehen. Wir können die Situation anders sehen: „Ein Gefühl des Versagens versucht, mich zu überwältigen“ oder „eine Welle der Gereiztheit möchte mich überschwemmen.“ Wenn wir unsere Probleme so formulieren, distanzieren wir uns von den Gefühlen des Versagens und der Gereiztheit und lehnen es ab, sie als Teil von uns anzuerkennen.

Der Unterschied mag gering erscheinen, ist aber ausgesprochen wichtig.

Sie haben einen Körper, sind aber nicht Ihr Körper. Ihre Körperzellen können sich innerhalb weniger Tage verändern. Sie gebrauchen einen Körper, so wie Sie ein Auto gebrauchen, aber Sie sind der Fahrer, die kontrollierende Kraft. Sie empfinden Emotionen wie Liebe, Haß, freudige Erregung, Depression, Sie sind jedoch nicht diese Emotionen. Es handelt sich um vorübergehende Stimmungen. Sie sind auch nicht Ihre Gedanken. Sicher denken Sie, aber jeden Tag gehen Ihnen Tausende von Gedanken durch den Kopf. Sie sind nicht Ihre Gedanken und können sich von Ihnen loslösen wie von Vögeln, die durch Ihren Kopf fliegen. Halten Sie nur diejenigen fest, die Ihnen gefallen, und lassen Sie es zu, daß die anderen verschwinden.

Sobald Sie erkennen, daß Sie die Fähigkeit besitzen, sich von Ihrem Körper, Ihren Emotionen und Ihren Gedanken loszulösen, können Sie den kontrollierenden Einfluß von Sorgen und Ängsten auf Ihr Leben bedeutend reduzieren. Um starker Nervosität entgegenzuwirken, können Sie zum Beispiel wie folgt verfahren:

Setzen oder legen Sie sich hin, schließen Sie die Augen und konzentrieren Sie sich passiv auf alles, was in Ihrem Körper vor sich geht. Versuchen Sie nicht, die Vorgänge zu analysieren, und denken Sie nicht angestrengt darüber nach. Gehen Sie einfach im Geiste durch ihren Körper und achten Sie auf alles. Sprechen Sie laut und deutlich aus, was geschieht. Sagen Sie zum Beispiel: „Druck auf der Brust; Augenlider zittern; Kitzeln am rechten Ohr; unangenehmes Gefühl in rechtem Fuß.“ Vermeiden Sie alle unnötigen Worte und beziehen Sie sich nicht auf sich selbst. Es heißt „ein unangenehmes Gefühl im rechten Fuß“ und nicht „mein rechter Fuß fühlt sich unangenehm an.“

Während Sie alles ganz nüchtern beobachten und kommentieren, werden Ihr Körper und Ihr Geist nach und nach immer ruhiger. Nach einigen Minuten verspüren Sie weniger Körperempfindungen, größere Ruhe und vielleicht schlafen Sie ein. Wenn Sie sich in dieser Art der Loslösung trainieren, können Sie sich häufig von Zuständen höchster Erregung distanzieren, ohne daß es nötig ist, sich hinzusetzen und die Augen zu schließen. Bei einer anderen Art der Bewältigung von Erregungszuständen verwenden Sie eine mentale Skala.

Die „Bequemlichkeitsskala“

Jennifer Turnley verbringt viel Zeit allein zuhause. Ihre Kinder sind erwachsen und haben das Haus verlassen, ihr Ehemann ist häufig auf Reisen, und sie hat relativ wenig Freunde. Manchmal litt sie an derartig schlimmen Angstzuständen, daß sie sich übergeben mußte. Dieses Verhaltensmuster bestand mehrere Jahre lang, bis sie einen Weg fand, um ihre Erregung zu kontrollieren. Sobald ich ihr gezeigt hatte, was zu tun war, konnte sie die Methode selbst und ohne weitere Unterstützung anwenden, obwohl sie lange üben mußte, um das erwünschte Ausmaß an Kontrolle herbeizuführen.

Ich bat Jennifer darum, sich die Situation kurz vor dem letzten Erbrechen lebhaft vorzustellen. Sie beschrieb, was geschehen war und was sie empfunden hatte. Auf einer Angstskala, die von null bis zehn reichte (0 = die vollkommenste Ruhe, die sie je empfunden hatte; 10 = die größte Angst, die sie je empfunden hatte), wählte sie den Punktwert neun. Ich bat Jennifer dann darum, zu sich selbst immer wieder das Wort „ruhig“ zu sagen und sich dabei vorzustellen, immer entspannter zu werden, bis sie auf der Skala ein Niveau erreicht hätte, das ihr angenehm erschien. Dies übte sie einige Male. Die besten Ergebnisse stellten sich ein, wenn sie das Wort „ruhig“ mit dem Ausatmen synchronisierte und jedes Mal einen Punkt auf der Skala zurückging.

Jennifer fühlte sich am besten, wenn sie bei Punkt vier angelangt war. Manchmal konnte sie bis drei zurückgehen, fühlte sich dabei jedoch träge und lethargisch. Dann kehrte sie die Prozedur um und sagte bei jedem Einatmen das Wort „munter“ zu sich selbst, wobei sie jedesmal einen Punktwert auf der Skala höher stieg. Auf diese Art und Weise gelang es ihr, mehr Kontrolle über ihren Erregungszustand zu gewinnen. Immer wenn sie sich zu stark erregt fühlte und kurz vor dem Erbrechen stand, stellte sich Jennifer die Skala vor, bestimmte, auf welchem Niveau sie sich gerade befand und reduzierte es auf das ihr angenehme Level bei Punkt vier. Manchmal mußte sie dies mehrere Male tun, bevor sie sich auf ihrem gewünschten Niveau stabilisieren konnte.

Klienten, die sich dieser Bequemlichkeitsskala bedienen, machen oft die Erfahrung, daß besonders in Konfliktsituationen eine gewisse Ausdauer vonnöten ist.

Umgang mit Konfliktsituationen

Konflikte sind oft maßgeblich an der Entstehung von Angst beteiligt. Was auch immer die Ursache für Ihre Unentschlossenheit ist, Ihre Phantasie kann Ihnen dabei helfen, besser mit ihr umzugehen. Sie können zum Beispiel einen konfliktlösenden Stimulus für Ihr Unbewußtes mit einer angenehmen Tranceinduktion verbinden.

Stellen Sie sich den Zustand der Unentschlossenheit intensiv vor. Ein Teil von Ihnen sagt „ich möchte es tun", ein anderer Teil „ich möchte nicht". Stellen Sie sich nun vor, daß Ihre beiden Hände die beiden Konfliktparteien darstellen. Heben Sie die Hände an, halten Sie sie ein Stück voneinander entfernt und betrachten Sie sie. Obwohl sie getrennt sind, möchten Sie gerne, daß Sie zusammenkommen. Dann sind Sie als Mensch vollständig, eine Einheit. Es existiert kein Konflikt mehr, keine Unentschlossenheit und keine Trennung. Lassen Sie Ihre Hände, während Sie sie weiterhin fixieren, näher und näher zusammenkommen, als ob eine magnetische Kraft zwischen ihnen wirken würde. Vielleicht müssen Sie selbst den ersten Anstoß für die Bewegung geben, lassen es dann jedoch wie von selbst geschehen und stellen sich die Kraft vor, die sie zueinander zieht. Während dies geschieht, empfinden Sie ein immer stärker werdendes Gefühl der Vollständigkeit und Einheit. Wenn sich Ihre Hände zu gegebener Zeit und ohne daß Sie nachhelfen, schließlich berühren, fühlen Sie Harmonie und Zufriedenheit. Die Hände können in den Schoß fallen, Ihre Augen möchten sich vielleicht schließen, und Sie genießen den inneren Frieden. Wenn Sie sich darauf konzentrieren, wie Ihre Hände sich mehr und mehr aufeinander zu bewegen, haben Sie vielleicht das Gefühl, daß Ihre Augenlider schwerer und schwerer werden und daß es Sie einige Mühe kostet, die Augen offen zu halten. Wenn dies geschieht, lassen Sie die Augen einfach zufallen. Stellen Sie sich die Hände weiterhin vor Ihrem geistigen Auge vor, bis sie sich berühren und in Ihren Schoß sinken.

Oft kann man sich leichter auf eine Hand als auf beide konzentrieren und gleichzeitig eine aktive Induktionsmethode verwenden. Das Anheben des Armes wird bei dieser Technik mit der Lösung von Konflikten und der Beseitigung negativer Gemütszustände in Zusammenhang gebracht.

Betrachten Sie Ihre Hand, wie sie auf Ihrem Schenkel liegt, und stellen Sie sich vor, daß sie leichter wird. Sie will sich nach oben bewegen. Schauen Sie ihr zu, wie sie beginnt, sich zu heben. Während die Hand nach oben geht, lösen sich auch Ihre Probleme, werden weniger schwer und weniger bedrückend. Während sich Ihre Hand hebt, werden Ihre Augenlider vielleicht immer schwerer und schließen sich.

Auch wenn dies nicht der Fall ist, konzentrieren Sie sich vollkommen auf die Bewegung des Armes und darauf, wie die unangenehmen Gefühle verschwinden, derer Sie sich gerne entledigen wollen. Bemerken Sie, wie sich alle Konflikte auflösen, und wenn die Hand Ihr Gesicht berührt, empfinden Sie tiefe Zufriedenheit und Glück. Während Sie nun das Gefühl genießen, frei von allen Konflikten zu sein, können Sie Ihre Hand in den Schoß fallen lassen.

Wenn Sie Schwierigkeiten dabei haben, diese Armbewegungen bei sich selbst herbeizuführen, stellen Sie sich ein Modell vor – vielleicht jemanden, den Sie bewundern. Beobachten Sie dieses Modell vor Ihrem geistigen Auge, wie es den Arm anhebt. Zu einem bestimmten Zeitpunkt lösen Sie dann das Modell ab.

Wenn Ihnen diese Ideen von Schweben und Leichtigkeit nicht besonders zusagen, können Sie auch anders vorgehen.

Werden Sie sich Ihres natürlichen Körpergewichtes auf dem Stuhl (dem Boden oder Ihrem Bett) bewußt. Übergeben Sie Ihr Gewicht an den Stuhl und fühlen Sie, wie Sie von ihm getragen werden. Stellen Sie sich nun vor, daß der Stuhl von dem Gebäude unterstützt wird, in dem Sie sich gerade befinden, das seinerseits von der Erde getragen wird. Lassen Sie es zu, daß der Planet Erde Sie trägt. Wenn Sie sich erdverbunden, unterstützt und geborgen fühlen, können Sie alle Probleme, Sorgen und Konflikte verschwinden lassen.

Hierbei handelt es sich um eine sehr einfache Technik und es existieren noch viele andere, genauso unkomplizierte Vorgehensweisen, die Ihnen dabei helfen, effektiv mit Angst umzugehen.

Bilder zur Angstbeseitigung

Friedliche Bilder sind sehr wirksam. Ruhig dahinfließendes Wasser, stille Kammern und sanftes, samtartiges Schwarz habe ich bereits erwähnt. Jedes Bild, das Sie als ruhig, still und friedlich interpretieren, wird hilfreich für Sie sein. Sie können den beruhigenden Effekt verstärken, indem Sie das geistige Bild in Ihrer Körpermitte zentrieren, die sich genau unter Ihrem Bauchnabel befindet. Sehen Sie das Bild, wenn Sie einatmen und verschieben Sie es beim Ausatmen in Ihre Körpermitte. Auf die gleiche Art und Weise können Sie Angst in Energie umwandeln. Beseitigen Sie die Angst aus Ihren Gedanken und atmen Sie sie in Ihre Körpermitte, wo Sie sich vorstellen können, wie sie in Energie übergeht.

Sie kontrollieren Ihre Angst, wenn Sie das negative Gefühl in ein positives verwandeln. Auch andere Bilder können Ihnen diese Erfahrung der Selbstkontrolle und Selbstbestimmung vermitteln. Dies gilt insbesondere für Dinge im alltäglichen Leben.

Vielleicht möchten Sie sich Ihr System ähnlich vorstellen, wie den *Aufbau eines Automobils.* Mit Hilfe von Gaspedal und Bremse können Sie nach Belieben beschleunigen oder langsamer fahren. Wenn Sie unter Druck stehen, stellen Sie sich vor, auf die Bremse zu treten, als würden Sie auf ein großes rotes Stopschild reagieren. Wenn Sie große Angst empfinden, kann es sehr hilfreich sein, dieses Stopschild deutlich vor dem geistigen Auge zu sehen. Es hindert Sie daran, sich ständig selbst angstinduzierende Suggestionen zu geben, und zeigt Ihnen, daß Sie tatsächlich bremsen können, um den schädlichen Einfluß destruktiver Emotionen zu reduzieren.

Diese destruktiven, negativen Emotionen können auch als Päckchen verschiedener Größe eingewickelt und in einem großen, leeren Koffer verstaut werden. Um diesen Koffer zu schließen, müssen Sie sich vielleicht daraufsetzen. Sobald Sie ihn zugemacht haben, wird er in einem Schrank eingeschlossen. Ein wenig später können Sie ihn wieder herausnehmen und stellen fest, daß der prallgefüllte Koffer zu einer kleinen Tasche zusammengeschrumpft ist. Sie können den Koffer auch einfach im Schrank lassen und den Schlüssel wegwerfen.

Vielleicht möchten Sie in Ihrer Phantasie auch gerne einmal Ihren Magen besuchen, ihn von innen befühlen und herausfinden, was dort vorgeht. Gibt es dort Schmetterlinge, Knoten, Sorgen, Spannungen, Ängste und andere nicht näher bezeichnete Dinge, die Sie gerne hinausschaffen wollen? Stellen Sie sich vor, Sie nehmen sie aus dem Magen heraus, binden sie zu einem großen Bündel zusammen und werfen sie einfach fort, wobei Sie eine große Erleichterung verspüren.

Auch die Vorstellung eines *Dampfdruckkochtopfes* kann sehr wirksam sein.

Sehen Sie zu, wie der Dampf entweicht, und je mehr Dampf abgelassen wird, desto mehr mentale Entspannung stellt sich ein. Es ist sehr hilfreich, auf irgendeine Art und Weise Dampf abzulassen, wenn man unter Druck steht und ängstlich oder besorgt ist. Wenn es unmöglich ist, dies körperlich zu tun, bietet Ihnen Ihre Phantasie eine Alternative.

Eine weitere Möglichkeit der Angstbewältigung besteht darin, daß Sie sich so lebhaft wie möglich das Allerschlimmste vorstellen, was bei der Konfrontation mit der angstauslösenden Situation passieren könnte. Beobachten Sie sich dann dabei, wie Sie kompetent und entspannt mit der Situation umgehen, die Lage meistern und ein günstiges Ergebnis herbeiführen. Dies ist ein Ansatz, den manche Leute bei der Überwindung von Phobien anwenden, obwohl es hierfür vielleicht bessere Wege gibt.

Die Überwindung von Phobien

Phobien sind dauerhafte und irrationale Ängste vor bestimmten Dingen, Aktivitäten oder Situationen, die in einem unwiderstehlichen Drang resultieren, das gefürchtete Objekt, die Aktivität oder Situation zu vermeiden. Die vielleicht bekanntesten Phobien sind Höhenangst, die Angst vor geschlossenen Räumen, vor freien Plätzen, Leistungssituationen (wie zum Beispiel Prüfungen), Tieren (besonders vor Schlangen oder Spinnen), vor Zahnärzten, Medizinern oder Blut. Das Angstniveau reicht von „etwas störend" bis hin zu solch schweren Beeinträchtigungen, daß der Tagesablauf des Klienten empfindlich gestört wird und es ihm unmöglich gemacht wird, Dinge zu tun, an denen er Freude hat.

Wayne Brown haßt Flugreisen. Obwohl er Sicherheitsstatistiken kennt und weiß, daß eher das Risiko besteht, im Auto oder im Bus zu sterben, hat er immer noch so große Angst, daß er alles unternimmt, um Flugreisen zu vermeiden. Seit seiner Scheidung vor einigen Jahren lebt er in einem anderen Bundesstaat, kehrt jedoch häufig zurück, um seine Kinder zu treffen, die bei seiner Ex-Frau leben. Anstatt einige Stunden im Flugzeug zu verbringen, entscheidet er sich für tagelange Fahrten.

Auf dieselbe Art und Weise vermeidet er Aufzüge. Er wandert unzählige Stufen hinauf und wieder herunter, weil er zuviel Angst vor einer Fahrt mit dem Lift hat. Er ist nicht der einzige. Viele Leute leiden an ähnlichen Phobien. Auch die elfjährige Nancy Bateman hat viele Leidensgenossen.

Nancy hat schreckliche Angst vor Injektionen. Ob sie von einem Zahnarzt, einem Arzt oder von einer Krankenschwester verabreicht werden, ist vollkommen gleich. Schon der Gedanke an eine Spritze löst extreme Angst aus. Unglücklicherweise leidet Nancy an Leukämie. Im Rahmen der Behandlung sind in regelmäßigen Abständen schmerzhafte Injektionen ins Knochenmark nötig. Die ganze Woche vor den Behandlungsterminen fühlt sie sich körperlich krank, weint häufig und lebt in fürchterlicher Angst.

So geht es auch Tom Bradley, obwohl seine Phobie anders geartet ist. Vor Prüfungen ist er versteinert vor Angst. Es spielt überhaupt keine Rolle, wie gut er sich in einem Fach auskennt, er erstarrt förmlich, sobald er den Prüfungsraum betritt. Er büffelt schon Wochen zuvor, weiß aber, daß es wieder passieren wird und er nichts daran ändern kann.

Glücklicherweise gibt es Maßnahmen, die wir ergreifen können, um Phobien zu überwinden. Wieder ist unsere Phantasie ein hervorragender Verbündeter.

Eine Methode ist die sogenannte „Systematische Desensibilisierung“. Man stellt sich eine Reihe von Situationen oder Aktivitäten vor, die vom geringsten bis zum stärksten angstauslösenden Stimulus reicht. Es ist hilfreich, die einzelnen Schritte gemäß der Richtlinien von Singer und Switzer aufzuschreiben. Wenn Sie zum Beispiel Angst vor dem Autofahren haben, können Sie eine von diesen Autoren vorgeschlagene Sequenz verwenden. Nach einer entsprechenden Einleitung unternehmen Sie die folgenden Schritte:

Vorstellungsstufen der systematischen Desensibilisierung
(Beispiel: Autoangst; Singer & Switzer, 1980)

Schritt 1: Sie schauen sich Ihr Auto näher an und untersuchen, ob es verkehrstauglich und frei von gefährlichen Mängeln ist. In Ihrer Gesellschaft befindet sich ein Spezialist für Verkehrssicherheit, den Sie gern haben und dem Sie vertrauen.

Schritt 2: Diese Person fährt Sie in der Nachbarschaft herum und gibt Ihnen nützliche Verkehrssicherheitstips.

Schritt 3: Nun sind Sie – noch immer als Beifahrer – mit derselben Person als Fahrer mit hoher Geschwindigkeit auf der Autobahn unterwegs.

Schritt 4: Nun werden Sie den Wagen fahren und die andere Person sitzt als Beifahrer neben Ihnen.

Schritt 5: Sie fahren alleine im Auto langsam und vorsichtig durch die Straßen in Ihrer Nachbarschaft.

Schritt 6: Sie fahren sicher und mit hoher Geschwindigkeit auf der Autobahn.

Zusätzliche Schritte können hinzugefügt werden, um den Übergang von der einfachsten zur angstauslösendsten Situation noch fließender zu gestalten. Wenn Sie zu irgendeiner Zeit während den Vorstellungen das Aufkommen von Angst bemerken, schalten Sie um und denken an etwas Entspannendes. Hierbei ist es empfehlenswert, einen besonderen Ort der Ruhe im Gedächtnis zu haben. Sobald Sie sich beruhigt haben, können Sie zu dem Schritt zurückkehren, der Ihnen Schwierigkeiten bereitet hat. Fahren Sie fort, hin- und herzuschalten, bis Sie sich vorstellen können, die entsprechende Aktivität entspannt und bequem auszuführen. Gehen Sie dann zum nächsten Schritt über. Sobald Sie in Ihrer Phantasie problemlos auf der Autobahn fahren können, gelingt Ihnen dies vielleicht auch in Wirklichkeit.

Wenn Ihnen dieser Ansatz mit seinen allmählich fortschreitenden Vorstellungen nicht gefällt, sagt Ihnen vielleicht eher eine Technik zu, bei der Sie Ihre Faust ballen müssen.

Erinnern Sie sich an den glücklichsten Tag in Ihrem Leben – wie er begann, was geschah – und lassen Sie sich alle möglichen Assoziationen durch den Kopf gehen. Während Sie dies tun, ballen Sie als Rechtshänder Ihre rechte und als Linkshänder Ihre linke Faust. Diese dominante Hand steht für alles, was gut, stark und normal ist. Sie ist die geschicktere Hand und hat seit Ihrer Geburt die größte Bedeutung für Sie. Schalten Sie von Ihrem glücklichsten Tag um zu anderen sehr schönen Erinnerungen und ballen Sie wieder die dominante Hand zur Faust. Dann entspannen Sie sich.

Stellen Sie sich jetzt eine Situation vor, in der Sie Ihre Phobie spüren. Erleben Sie die negativen Gefühle so lebhaft wie möglich – die Angst, das Zittern, die Übelkeit und alle anderen Symptome. Hierbei ballen Sie Ihre nicht-dominante Hand zur Faust. Solange die Faust geschlossen ist, werden die Symptome der Phobie anhalten. Öffnen Sie die Faust, sobald sich deutliche Spannung aufgebaut hat. Jetzt fühlen Sie eine ungeheure Erleichterung. Ballen Sie nun Ihre dominante Hand erneut zur Faust und Sie werden ein vergleichbar starkes Gefühl von Vertrauen, Entschlossenheit und Selbstkontrolle empfinden. Wenn die phobischen Symptome in Zukunft auftreten, ballen Sie zunächst die nicht-dominante Hand zur Faust, um Ihre Gefühle zu intensivieren. Dann öffnen Sie die Hand, um die Erleichterung zu spüren, und schließen nun Ihre dominante Hand, um sich gut zu fühlen. Sobald dieses positive Gefühl herbeigeführt ist, können Sie die Faust öffnen.

Mentale „Umschaltung“

Die Methode mit der Faust ist eine Möglichkeit, das mentale „Umschalten“ zu erleichtern, das den meisten Techniken zur Überwindung von Phobien zugrunde liegt.

Wayne Brown, dessen Angst vor Flugreisen und Fahrstühlen ich schon zuvor erwähnte, bedient sich ebenfalls einer „Umschalttechnik“ um besser mit seiner Angst umzugehen. Er konzentriert sich zum Beispiel auf die Empfindungen in seinen Füßen, wenn er sich auf dem Weg zu einem

Ort befindet, den er nur mit dem Fahrstuhl erreichen kann. Während er auf den Aufzug wartet, nimmt er alle Gefühle an seinen Füßen ganz genau wahr – wie die Socken sitzen, den Druck, den seine Schuhe auf die Füße ausüben, das Kribbeln in seinen Zehen und alles andere, das ihm auffällt. Er beschäftigt sich so sehr damit, daß er vom Einsteigen in den Lift und von der eigentlichen Fahrt abgelenkt wird. Sobald er den Lift verläßt, schaltet er geistig wieder um, vergibt seine Füße und denkt wieder an das anstehende Geschäft. So komisch wie es klingt – bei Wayne funktioniert es erstaunlich gut.

Seine Flugphobie kontrolliert er, indem er die Reise im Geiste genau einstudiert. Etwa eine Woche, bevor er die Flugreise unternehmen muß, verwendet er 15 bis 20 Minuten täglich darauf, eine Trance zu induzieren und sich die ganze Reise – vom Verlassen des Hauses bis zur sicheren Ankunft – genau vorzustellen. Wenn sein entspannter Trancezustand zu irgendeinem Zeitpunkt von Angstgefühlen gestört wird, schaltet er in Gedanken zu einer angenehmen Situation um.

In kritischen Momenten verwendet er die *„Schatzkistentechnik"*. Er stellt sich vor, er besäße eine Schatzkiste, die alles Positive enthält, das ihm je widerfahren ist. Immer wenn er sich schlecht fühlt oder seine Flugangst an die Oberfläche tritt, greift er in seine Schatzkiste, holt eine angenehme Erinnerung heraus und denkt daran. Wenn die Angst nachläßt, kehrt er zu seiner Vorstellung des Fluges zurück und konzentriert sich besonders auf Bequemlichkeit und angenehme Gefühle. Diese positiven Empfindungen löst er durch ein bestimmtes Signal aus. Wenn er beim Anschnallen das Klicken seines Sicherheitsgurtes vernimmt, bedeutet dies für Wayne, daß er sich nun tief entspannen kann. Während er sich den erfolgreichen Flug vorstellt, bereitet er sich auf einen positiven Ausgang vor, anstatt auf durch seine Angst produziertes Versagen.

Tom Bradley verhält sich ähnlich, um seine Prüfungsphobie zu überwinden. Indem er sich das ganze Examen als Erfolg vorstellt, gelingt es ihm, die streßbeladene Situation in eine willkommene Herausforderung zu verwandeln. Er stellt sich vor, wie er den Raum betritt, sich an seinen Tisch setzt und einen Blick auf die Prüfungsfragen wirft. Er stellt fest, daß ihm die Antworten leicht fallen, beginnt mit der einfachsten Frage und hat dabei immer neue Ideen. Jede neue Frage erscheint ihm leichter als die vorhergehende und die Lösungen ergeben sich fast wie von selbst. In seiner Vorstellung gelingt es Tom auch, seine Traumnote zu erzielen.

Auch Nancy Bateman hat gelernt, ihre Phobie durch „mentales Umschalten“ zu bewältigen. Anfänglich stellten sich Erfolge ein, als sie sich auf ihre Atmung konzentrierte. Sie dachte an die Zahl eins, als sie einatmete, und zentrierte diese Eins in ihrer Körpermitte unter dem Bauchnabel. Dies tat sie der Reihe nach mit allen Zahlen bis zehn. Die Technik funktionierte ihr jedoch nicht gut genug, bis sie die Zahlen in verschiedenfarbige Puppen verwandelte. Nun konnte sie die Angst vor Spritzen abschalten und sich auf die Puppen konzentrieren, die sie in ihre Phantasie einatmen und mit Fallschirmen in ihre Körpermitte sinken lassen konnte.

Wenn Sie Ihren Gedanken gestatten, sich weiterhin mit den Ängsten zu befassen, verstärken Sie Ihre phobischen Symptome. Wenn Sie geistig „umschalten“ und sich auf andere Dinge konzentrieren, lassen die Angstsymptome nach. Noch besser ist es, wenn Sie die Dinge mit Humor betrachten.

Eine ehemalige Patientin, die an Agoraphobie litt (sie hatte Angst, das Haus zu verlassen, da sie offene Plätze fürchtete), hat ihre Ängste mit Hilfe absurder Vorstellungen überwunden. Wenn sie beim Einkaufen das Herannahen einer Panikattacke verspürte, ging sie zur Tiefkühltruhe. Dort stellte sie sich vor, sie wäre ein Fisch, der sich zwischen den ganzen anderen tiefgekühlten Lebensmitteln versteckte.

Auch solche Vorstellungen können hilfreich sein. Diese Frau hat tatsächlich gelernt, mit ihren Ängsten zu spielen, indem sie sich unterschiedlicher Vorstellungen bediente. Je absurder die Phantasie war, desto besser funktionierte es.

Im Grunde ist die Bewältigung von Angst einfach ein „Abschalten“ negativer Gemütszustände und ein „Umschalten“ zu einem anderen Zustand. Bei diesem anderen Zustand handelt es sich häufig um Entspannung, weil Entspannung mit Angst inkompatibel ist. Im nächsten Kapitel werden wir einige einfache Methoden kennenlernen, um Entspannung herbeizuführen.

7 Entspannung durch Vorstellungen

Körperliche Entspannung

Die Entspannung, derer wir uns bedienen, um Angst und andere negative Emotionen zu bekämpfen, kann einfach nur körperlicher Art sein. Die Phantasie kann viel dazu beitragen, diesen Zustand herbeizuführen. Ein recht beliebter Ansatz läßt sich in etwa so umschreiben:

Nachdem Sie sich bequem hingesetzt haben, achten Sie nicht mehr auf die Dinge, die Sie umgeben, sondern richten Ihre Aufmerksamkeit auf Ihr Inneres. Zu diesem Zwecke schließen Sie Ihre Augen und konzentrieren sich auf Ihre Atmung – darauf, wie die Luft in Sie ein- und wieder ausströmt. Als Quelle Ihrer Lebensenergie stellt der Atem die Verbindung zwischen Innen- und Außenwelt dar. Sie können Ihre Konzentration erhöhen, indem Sie sich den Atem wie einen Nebel vorstellen, den Sie in den Mund einziehen, der die Luftröhre hinunter in die Lunge, den Magen und den Solar Plexus eindringt, und den Sie dann wieder ausatmen. Atmen Sie einfach ganz gelöst weiter – ungezwungen und spontan. Sollten Ihre Gedanken wandern, bringen Sie sie langsam wieder zurück auf Ihre Atmung.

Nun konzentrieren Sie sich auf etwas anderes. Reagieren Sie ganz sensibel auf Ihren Körper und seien Sie sich aller Körperteile ganz bewußt. Beginnen Sie mit ihrem Kopf. Wie fühlt es sich oben in Ihrem Kopf an? Empfinden Sie an dieser Stelle Anspannung oder ein unangenehmes Gefühl? Wenn dies der Fall ist, atmen Sie in diesen Bereich und reinigen Sie ihn gründlich mit Energie. Stellen Sie sich vor, daß mit dem Ausatmen alle Spannung und jegliches unangenehme Gefühl aus diesem Körperteil entweicht.

Konzentrieren Sie sich jetzt auf Ihr Gesicht. Sie spüren, wie es sich anfühlt und stellen fest, ob es unangenehme Anspannungen gibt. Beseitigen Sie diese durch ein Bad in Ihrem Atem und lassen Sie die Spannung beim Ausatmen entweichen. Genießen Sie die Entspannung Ihres Gesichtes.

Fahren Sie auf diese Weise mit dem ganzen Körper fort: wandern Sie durch Ihren Hals, die Arme und Hände, die Brust, den Magen, die Taille, durch Ihre Genitalien, Hüften, Beine und Füße. Konzentrieren Sie Ihre Aufmerksamkeit jedesmal auf die gleiche Art und Weise: reinigen und beruhigen Sie jeden Körperteil mit Ihrem Atem, atmen Sie die Spannung aus und genießen Sie das so herbeigeführte Gefühl der Entspannung.

Nehmen Sie sich ein wenig Zeit, um sich an der Entspannung des Körpers und dem Gefühl der Ruhe zu erfreuen. Achten Sie weiterhin auf Ihre Atmung und darauf, wie Sie sich mit jedem Ausatmen noch mehr fallen lassen können. Gestatten Sie sich anschließend, langsam zur Realität zurückzukehren.

Nachdem Sie Ihre Entspannungssitzung beendet haben, können Sie das gute Gefühl aufrechterhalten, während Sie Ihre alltäglichen Aktivitäten wiederaufnehmen. Wenn Sie sich unter Druck fühlen und Streß empfinden, erinnern Sie sich wieder an die Entspannung und stellen sie in Ihrem Körper wieder her, indem Sie sich einfach vorstellen, Sie würden die Übung wiederholen.

Zur schnellen Herbeiführung körperlicher Entspannung können Sie sich auch auf den Boden legen und sich ganz bewußt darüber werden, wie Ihr Körper die Unterlage an allen Stellen berührt – am Kopf, an den Schultern, am Gesäß, den Schenkeln und den Fersen. Fühlen Sie die Schwere Ihres Körpers, die Sie mehr und mehr nach unten auf den Boden zieht, der Sie stützt. Je mehr dies geschieht und je schwerer Sie sich fühlen, desto tiefer scheinen Sie nach unten zu sinken. Sie können sich den Boden als eine Wolke, als ein Bett aus Laub oder als irgendetwas anderes Angenehmes vorstellen. Wenn Sie die tiefe Entspannung genossen haben, kehren Sie den Prozeß um, indem Sie sich nun immer leichter fühlen und wieder zur Oberfläche zurückkehren.

Das Autogene Training ist eine systematische Methode zur Herbeiführung tiefer körperlicher Entspannung. Bei diesem Verfahren, das von Luthe (1967) im Buch „Autogenic Therapy“ beschrieben wird, sollen sechs Standardformeln erlernt und geübt werden.

Die sechs Standardformeln des Autogenen Trainings (Luthe, 1967)

* Schwere
„Mein rechter Arm ist angenehm schwer.“ Wenn sich der Arm nach dieser verbalen Suggestion und mit Hilfe der Vorstellung schwer an-

fühlt, wird die Formel auf andere Körperteile ausgeweitet: „Mein linker Arm … , beide Arme … , mein rechtes Bein … , mein linkes Bein … , beide Beine … , Arme und Beine sind angenehm schwer.“

* Wärme
„Mein rechter Arm ist angenehm warm.“ Mit der Vorstellung der Wärme wird der Reihe nach genauso verfahren, wie im Beispiel mit der Schwere. Auch sie wird auf alle Gliedmaßen ausgedehnt.

* Herzschlag
„Mein Herz schlägt ruhig und regelmäßig.“

* Atmung
„Meine Atmung ist regelmäßig – es atmet mich.“

* Innere Wärme
„Mein Solar Plexus ist angenehm warm.“

* Kühle auf der Stirn
„Meine Stirn ist angenehm kühl.“

Luthe schlägt vor, daß diese Formeln dreimal täglich geübt werden sollten. Um die Konzentration zu erhöhen, wird empfohlen, hierbei die Augen zu schließen. In jeder Übung wird die Abfolge der Formeln und das Schlußritual („Beugen und strecken Sie die Arme! Atmen Sie tief ein oder gähnen Sie! Öffnen Sie Ihre Augen!“) dreimal wiederholt. Jede Formel sollte in der Übung jeweils vier- bis siebenmal wiederholt werden. Zunächst übt man mindestens eine Woche lang lediglich das Gefühl der Schwere. Anschließend werden die anderen fünf Formeln in Intervallen von ungefähr einer Woche hinzugefügt. Auf diese Weise werden die Trainingszeiträume immer länger.

Luthe ist der Überzeugung, daß mindestens sechs Wochen nötig sind, um die sechs Standardübungen zu erlernen. Wenn das Training fortgeschritten ist und man alle sechs Formeln verwendet und beherrscht, sollte man seiner Meinung nach die Sitzungen abkürzen. Luthe glaubt, daß ein veränderter Bewußtseinszustand herbeigeführt werden kann, indem man einfach denkt: Schwere – Wärme – Herzschlag und Atmung – Solar Plexus – Stirn.

So weit so gut – es mag jedoch Leute geben, die an solch rigorosen Trainingsmethoden nicht sonderlich interessiert sind. Anderen mag die systematische Struktur der Formeln gefallen. Ob Sie jedoch nach Anweisung trainieren oder nicht: wenn Sie Ihre Phantasie verwenden, um sich schwer und warm zu fühlen und ruhig und regelmäßig zu atmen, wird sich automatisch ein körperlich und auch mental entspannterer Zustand einstellen.

Mentale Entspannung

Bei den meisten Formen der mentalen Entspannung stellt sich die betreffende Person vor, sie befände sich an einem bestimmten angenehmen Ort. Sie können am besten üben, wenn Sie nicht unter Streß stehen und eher spielerisch an die Sache herangehen.

Lassen Sie Ihre Gedanken einfach zu verschiedenen Orten dieser Art wandern, bis Sie denjenigen finden, der Sie am meisten beruhigt. Der Ort kann sich in Abhängigkeit vom Wetter verändern. An einem heißen Tag kann es sehr schön sein, sich auf einer Luftmatratze im Swimming Pool treiben zu lassen. Wenn es sehr kalt ist, ist es angenehmer, im bequemen Sessel vor einem prasselnden Feuer im offenen Kamin zu sitzen. Das sind die Vorteile Ihrer Phantasie. Sie können gehen, wohin Sie wollen. Stellen Sie sich eine Reihe dieser Phantasien zusammen und bewahren Sie sie in Ihrer geistigen „Schatzkiste" auf, aus der Sie immer dann hervorgeholt werden können, wenn Sie sich mental entspannen wollen.

Obwohl Sie sich Ihre eigenen Orte konstruieren müssen, mag es hilfreich sein, einige der Bilder zu kennen, die andere verwenden.

Eine der beliebtesten Vorstellungen ist, im *Sommer am Strand* zu liegen und zu spüren, wie die Wärme der Sonnenstrahlen in den Körper eindringt. Man hört die Wellen im Sand auslaufen, die Schreie der Möwen und man schmeckt die salzige Luft. Sie können sich vorstellen, in den Sand zu sinken und immer schwerer und entspannter zu werden.

Sand läßt sich auch auf andere Art und Weise verwenden. Stellen Sie sich vor, Ihr Körper wäre mit Sand angefüllt und hätte irgendwo – vielleicht am linken Fuß – ein kleines Loch. Der Sand rieselt langsam aus diesem Loch heraus und nimmt dabei alle Ihre geistigen und körperlichen Spannungen mit. In einer anderen beruhigenden Phantasie spielt ein größeres Loch eine Rolle.

Denken Sie an einen Gummiball, der von der Wand zurückspringt. Nun befindet sich ein Loch in dieser Wand, durch das der Ball hindurchfliegen kann. Seien Sie selbst das Loch und setzen Sie der Ursache der emotionalen Verwirrung, die Sie vielleicht empfinden, keinen Widerstand entgegen. Alles wandert durch dieses Loch, das Sie selbst sind. Nichts kann ihren Gleichmut stören.

Anstatt in dieser Hinsicht passiv zu sein, möchten Sie vielleicht lieber aktiv die Kontrolle übernehmen. Wenn dies der Fall ist, könnte Ihnen die folgende Phantasie zusagen.

Stellen Sie sich vor, Sie stünden vor einer großen *Instrumententafel,* auf der sich ein Rundinstrument mit einem Zeiger befindet. Dieser Zeiger kann auf irgendeine Zahl zwischen null und zehn eingestellt werden und auf diese Weise alle Spannungs- und Entspannungsniveaus Ihres Geistes und Ihres Körpers darstellen. Die Null ist der Endpunkt der Skala und bezeichnet die vollkommene Entspannung. Sie können den Zeiger auf null stellen, wann immer Sie es wünschen. Wenn Sie den Zeiger herunterdrehen, fühlen Sie, wie alle geistige Anspannung verschwindet.

Diese Technik ähnelt sehr der im vorangegangenen Kapitel beschriebenen „Bequemlichkeitsskala". Einige Leute können sich jedoch besser den Zeiger vorstellen, als die Skala.

Vielleicht finden Sie eine andere *„aktive"* Vorstellung hilfreich, um mentale Ruhe herbeizuführen.

Stellen Sie sich vor, Sie stünden am Rande einer Felswand und würden auf einen stillen Teich hinunterblicken. Nun heben Sie einen großen und schweren Stein über ihren Kopf und werfen ihn ins Wasser. Beobachten Sie den Stein, wie er ins Wasser fällt. Sie sehen in Zeitlupe, wie es spritzt und wie der Stein langsam auf den Grund sinkt. Während dies geschieht, stellen Sie sich vor, wie sich das Wasser langsam über dem Stein schließt. Die ringförmigen Wellen dehnen sich über die ganze Wasseroberfläche aus. Achten Sie auf diese Wellen, bis Sie verschwunden sind und die Oberfläche des Sees wieder spiegelglatt ist.

Bilder von Gärten eignen sich gut zur Beruhigung.

Tracy Ballentine, eine recht nervöse Operationsschwester, die mich aufsuchte, um eine Methode zur mentalen Entspannung zu erlernen, gebraucht einen solchen Garten auf sehr wirksame Art und Weise. Sie sieht sich in Gedanken auf der Terrasse eines wunderschönen alten Hauses stehen. Von dieser Terrasse führen zehn Stufen hinunter zu einem herrlichen tiefer liegenden Garten. Jedesmal, wenn sie ausatmet, geht sie eine Stufe weiter nach unten und entspannt sich dabei mehr und mehr. Wenn sie den Garten erreicht, hat sie bereits viel ihrer mentalen Anspannung abgelegt.

Der Garten ist sehr schön und es gibt dort Unmengen von roten, blauen und goldfarbenen Blumen, Sträucher, einen mit Ornamenten verzierten Springbrunnen, Bäume und Vögel. Tracy sieht diese Dinge nicht nur, sie stellt sich vor, sie könnte die Blumen riechen und den Gesang der Vögel und das Plätschern des Wassers in dem Teich des Brunnens hören. Sie fühlt auch, wie die Sonne ihren Körper wärmt. Einen der Bäume verwendet sie als Symbol für ihre Stärke – ein Konzept, das bereits im zweiten Kapitel erläutert wurde.

Tracy hypnotisiert sich auf diese Weise selbst und versetzt sich in einen Ruhezustand. Manchmal geht sie formaler vor und verwendet verschiedene Phantasien. Sie beginnt, indem sie sich bequem hinsetzt und einen Punkt vor sich, ein wenig oberhalb der normalen Blickrichtung fixiert. Wenn ihre Augen müde werden und sie beginnt, unscharf zu sehen, läßt sie ihre Augen einfach zufallen. Während sie dies tut, fühlt sie eine warme Wolke, die sich in ihrem Körperzentrum befindet und jeden Körperteil, den sie berührt, wärmt und entspannt.

Dann breitet sich die Wolke langsam aus, wird größer und größer und berührt nacheinander jeden Körperteil mit ihrer Energie, Wärme und Ruhe. Das vollkommene Eintauchen in die belebende Wolke löst alle inneren Spannungen.

Wenn sie vollkommen von der Wolke eingehüllt ist, stellt sie sich vor, daß ihr Körper leichter, wärmer und ruhiger wird, als ob er schwerelos nach oben schweben und auf den Himmel zufliegen würde. Im Zentrum der Wolke wird sie wie durch Kissen geschützt zu ihrem schönen Garten getragen. Nachdem sie die Ruhe an diesem Ort genossen hat, läßt sich Tracy in ihrer Wolke wieder herunter, kehrt zu ihrem bequemen Stuhl zurück und genießt noch ein wenig die Entspannung. Oft gelingt es ihr, sie für den Rest des Tages aufrechtzuerhalten.

Meditation als mentale Entspannung

Obwohl man Tracys Phantasie mit der Wolke und die vorangehende Fixierung des Punktes als Selbsthypnose bezeichnen kann, ließe sich ebenso gut der Begriff „Meditation“ verwenden. Es kommt gar nicht so sehr auf den Namen an, solange wir nur erreichen, was wir erreichen wollen.

Tracys Ehemann Ron verwendet zur Herbeiführung mentaler Entspannung eine Methode, die er „aktive Meditation“ nennt, da er kein Interesse daran hat, sich bequem hinzusetzen um zu phantasieren. Wenn er morgens am Strand einen Dauerlauf macht, atmet er die Welt um sich herum ein und konzentriert sich auf die Empfindungen, die die Umgebung bei ihm auslösen. Wenn er ausatmet, ist er sich seiner Rolle bei diesen Empfindungen ganz bewußt. Er versucht in keinster Weise, seine Atmung zu kontrollieren und wendet seine Aufmerksamkeit lediglich von der Außenwelt ab. Er konzentriert sich auf sich selbst und darauf, wie er ein- und ausatmet. Ron atmet ein – und nimmt die Welt in sich auf – er atmet aus – und ist sich seiner selbst ganz bewußt, ruhig und gelassen.

Obwohl dies seine bevorzugte Art der Meditation ist, verwendet er auch eine interne Fokussierungsmethode, die – wie er es ausdrückt – seinen Geist vom Körper trennt. Diese Trennung befähigt ihn, weite Strecken zu laufen, ohne es überhaupt zu merken. Ron konzentriert sich auf einen Punkt in der Zehe seines linken Fußes, dann auf den Fußknochen, sein linkes Fußgelenk, dann auf eine Zehe des rechten Fußes und wandert so durch seinen ganzen Körper. Manchmal konzentriert er sich länger auf die linke große Zehe, stellt sich ihr Inneres, die Haut um sie herum und den Zwischenraum zwischen ihr und der nächsten Zehe vor. Dies alles nimmt recht lange Zeit in Anspruch und Ron sagt, daß er sich in der Zeit, in der ihm solche Gedanken durch den Kopf gehen, mit nichts anderem mehr beschäftigen kann.

Bei einer anderen Art der Meditation zur mentalen Entspannung konzentriert er sich auf ein bestimmtes Geräusch, das er gar nicht erst genau zu benennen versucht. Er analysiert es nur. Ist es ein hoher oder ein tiefer Ton, ist er durchdringend oder dumpf, laut oder leise? Wenn das Geräusch verklingt, nimmt ein anderes seinen Platz ein. Dieses neue Geräusch wird von Ron auf die gleiche objektive Weise analysiert. So behält er seine mentale Ruhe bei.

Dieses Vorgehen eignet sich besonders gut für geräuschvolle Umgebungen. Analysieren Sie den Klang und nicht die Quelle oder Ursache des Geräusches.

Eine sehr wirksame Methode sowohl zur Herbeiführung tiefer mentaler Entspannung wie auch zur Weckung der Lebensfreude wird von Brugh Joy (1979) in seinem Buch „Joy's Way" beschrieben. Hierbei handelt es sich um eine Spiralmeditation, die besondere Energiezentren des Körpers – die sogenannten „Chakras" – anspricht. Die Positionen dieser Energiezentren sind in der folgenden Abbildung dargestellt.

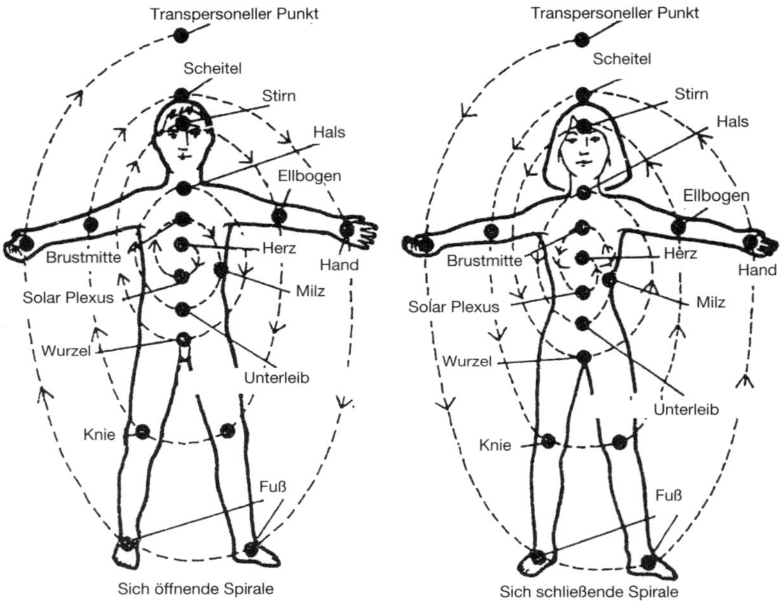

Um mit der sich öffnenden Spirale zu beginnen, konzentrieren Sie Ihre Aufmerksamkeit auf den Bereich der Herzchakra und lassen Ihre Probleme und Sorgen hinter sich. Hierbei werden Sie in diesem Bereich wahrscheinlich ein Gefühl von Wärme, Ausdehnung oder Schwingung empfinden. Sobald dies der Fall ist, nehmen Sie das Gefühl mit zu ihrem Solar Plexus und konzentrieren sich auf diesen Bereich, bis er sich auch warm anfühlt und in Schwingungen versetzt wird. Wiederholen Sie den Prozeß, indem Sie nacheinander jede Chakra in der Spirale durchgehen, warten, bis Sie die Aktivierung spüren, und dann fortfahren. Häufig stellt sich auch ein Gefühl der Glückseligkeit ein – ein Gefühl, das bestehen bleibt, bis Sie den transpersonellen Punkt erreichen und sich im meditativen Zustand vollkommen entspannen. Wenn Sie diesen Zustand verlassen wollen, folgen Sie der Spirale einfach in umgekehrter Richtung. Bei der Herzchakra angekommen, können Sie ein allumfassendes Gefühl der Lebensfreude genießen.

Selbsthypnose

Obwohl ich unter verschiedenen Überschriften von körperlicher und geistiger Entspannung geschrieben habe, ist es doch unmöglich, diese beiden Arten der Entspannung voneinander zu trennen. Die meisten Entspannungstechniken zielen sowohl auf geistige Entspannung wie auch auf den Abbau körperlicher Spannungen ab. Wenn sich Ihre Muskeln entspannen, entspannt sich für gewöhnlich auch Ihr Geist und umgekehrt. Oft wird dieser Zustand „Selbsthypnose" genannt.

Einige Techniken zur Herbeiführung der Selbsthypnose wurden im zweiten Kapitel erläutert, als ich beschrieb, wie Trancezustände induziert werden können. An dieser Stelle wies ich darauf hin, daß eine formale Induktion gar nicht zwingend notwendig ist, da wir jeden Tag Episoden der Selbsthypnose erleben. Wir können einfach die Augen schließen, unsere Muskeln entspannen und uns zu einer angenehmen Erinnerung tragen lassen. Wir können uns auch als Adler sehen, der von einem friedlichen Ort zum anderen fliegt – eine andere einfache Methode, die besonders Kindern gefällt. Wenn uns irgendetwas stört, können wir zu einem angenehmeren und sichereren Ort fliegen.

Einige ziehen formalere Methoden vor. Es vermittelt ein Gefühl der Sicherheit, auf feste Formeln zurückgreifen zu können, die sich wie ein Ritual wiederholen lassen, um die Selbsthypnose herbeizuführen.

Eine von mir persönlich bevorzugte Technik findet sich in dem Buch „Tranceformations" von Grinder und Bandler (1981):

* Bevor Sie beginnen, setzen Sie einen Zeitpunkt fest, an dem Sie aufwachen wollen. Stellen Sie sich das Zifferblatt einer Uhr vor, das die Zeit für das Ende der Sitzung anzeigt.

* Suchen Sie sich einen Gegenstand aus, den Sie leicht fixieren können. Schauen Sie konzentriert hin und sagen Sie zu sich selbst drei Sätze

über das, was Sie sehen, z.B.: „Ich sehe einen Lichtschein in einer Glasscherbe.“ „Ich sehe … “ „Ich sehe … “ Dann formulieren Sie drei Sätze darüber, was Sie hören, z.B.: „Ich höre, wie eine Türe geschlossen wird.“ „Ich höre … “ „Ich höre … “ Dann sagen Sie noch drei Sätze über Ihre Gefühle und Empfindungen, z.B.: „Ich fühle den Druck der Stuhllehne in meinem Rücken.“ „Ich fühle … “ „Ich fühle … “

* Bleiben Sie in der gleichen Position in Ihrem Sessel und blicken Sie weiterhin in dieselbe Richtung. Gehen Sie noch einmal durch, was Sie sehen, hören und fühlen. Sagen Sie jeweils zwei Sätze. Wiederholen Sie es noch einmal und sagen Sie nun jeweils einen Satz. Während Sie dies tun, haben Sie vielleicht das Gefühl, daß Ihre Augenlider zu schwer werden, um sie offenzuhalten. Auf diese Weise müssen Sie den Satz: „Ich sehe … “ auslassen und können nur noch sagen: „Ich höre … “ und „ich fühle … “

* Prüfen Sie, welcher Ihrer Arme sich leichter anfühlt als der andere. Sagen Sie dann zu sich selbst, daß dieser Arm sich immer leichter anfühlt, bis er nach oben schwebt und sich auf Ihr Gesicht zubewegt. Wenn der Arm Ihr Gesicht berührt, lassen Sie ihn wieder herunterfallen und gehen Sie in eine tiefe Trance.

* Entscheiden Sie sich für irgendetwas, das Sie gerne an sich verändern würden. Vielleicht möchten Sie geduldiger werden. Bitten Sie Ihr Unbewußtes darum, Ihnen mit Bild, Ton und Gefühlen untermalte Situationen aus der Vergangenheit ins Gedächtnis zu rufen, in denen Sie sich geduldig verhalten haben. Wenn dies geschehen ist, bitten Sie es darum, die wesentlichen Elemente dieser Situationen zu extrahieren, und diese natürlich und spontan immer häufiger in Ihr alltägliches Verhalten einzubauen.

Diese Technik kann ich nur wärmstens empfehlen. Sie kann zu grundlegenden und sehr vorteilhaften Verhaltensänderungen führen. Sie bewirkt viel mehr für Sie persönlich, als lediglich ein Gefühl von Entspannung herbeizuführen. Auch die anderen in diesem Kapitel erwähnten Methoden bringen Ihnen mehr. Viele von ihnen dienen auch der Behandlung und Therapie. Im nächsten Kapitel werden wir uns näher mit solchen Methoden befassen.

8 Heilung durch Vorstellungen

Gesundheitstraining

Eine besonders empfehlenswerte Art, Entspannungsverfahren im Rahmen der Therapie anzuwenden, ist die sogenannte „Biogenik“ (engl.: biogenics) bzw. das „Gesundheitstraining“ (engl.: self-health training). Hierbei handelt es sich um ein Vorgehen in fünf Schritten, das von dem berühmten Neurochirurgen Norman Shealy entwickelt wurde.

Die fünf Schritte des Gesundheitstrainings

* Entspannen Sie sich.
Beim Einatmen sagen Sie zu sich „Ich bin ... “, beim Ausatmen „ ... entspannt.“

* Bringen Sie Ihre Körperempfindungen ins Gleichgewicht.
Konzentrieren Sie sich auf jeden Körperteil und prüfen Sie, ob er entspannt ist. Wenn dies nicht der Fall ist, lösen Sie die Anspannung auf folgende Weise:
(a) Spüren Sie im Geiste Ihren Herzschlag in dem entsprechenden Körperteil oder
(b) spannen Sie die Muskeln an und lockern Sie sie wieder oder
(c) stellen Sie sich vor, daß Sie durch diesen Körperteil atmen.

* Bringen Sie Ihre Emotionen ins Gleichgewicht.
Überprüfen Sie bewußt Ihre Ängste, Ihren Ärger, Ihre Schuldgefühle und entscheiden Sie sich, die Probleme zu lösen und ein Gefühl von Freude, Glück, Mitgefühl, Versöhnlichkeit und Liebe herzustellen.

* Programmieren Sie sich selbst zur Erreichung eines bestimmten Zieles.
(a) Verbal mit einer kurzen positiven Heilmantra, die Sie häufig wiederholen und die das Ziel so formuliert, als wäre es bereits erreicht – z.B. „Mein Blutdruck ist normal.“

(b) Visuell, indem Sie sich selbst so sehen, als hätten Sie das Ziel erreicht – z.B. im Sprechzimmer des Arztes, der Ihnen erzählt, daß Ihr Blutdruck ganz normal ist.

* Entwickeln Sie ein spirituelles Bewußtsein.
Seien Sie sich darüber bewußt, daß Sie mehr sind als Körper, Geist und Emotionen. Erkennen Sie Ihr wunderbares inneres Selbst und Ihr Wesen.

Die Phantasie spielt eine bedeutende Rolle in Shealys Heilungssystem, das nach seinen Angaben bei Patienten mit verschiedenen Krankheiten äußerst erfolgreich sein soll.

Phantasie zur Förderung des Heilungsprozesses

Seit Tausenden von Jahren verwendet man die Phantasie, um den Selbstheilungsprozeß zu fördern. Viele Untersuchungen haben gezeigt, daß sich geistige Bilder, die man sowohl sieht wie auch fühlt, grundlegend auf die Hirnströme, den Blutkreislauf, die Herzfrequenz, die Körpertemperatur, die Magensäuresekretion und das Immunsystem auswirken. Man hat tatsächlich den Eindruck, als ließe sich unsere gesamte Physiologie durch Vorstellungen beeinflussen.

Wir verfahren nach dem Prinzip, uns im entspannten Zustand vorzustellen, daß ein krankes Organ oder ein kranker Körperteil einwandfrei funktioniert.

Um einer Infektion zu widerstehen, könnten Sie sich die weißen Blutkörperchen als Zellen, kleine Soldaten, Ameisen oder als tragikomische Wesen vorstellen, die sich über die Viren oder Bakterien hermachen, sie zerstören und forttragen, damit sie aus dem System entfernt werden. Wenn Sie nun das neue Bild vor Augen haben, daß Ihr System auf gesunde Art und Weise funktioniert, können Sie direkt zu ihrem Unbewußten sprechen und es darum bitten, den Heilungsprozeß weiterzuführen.

Kindern fällt dies oft sehr leicht, und ein junger Patient beschleunigte den Heilungsprozeß seines gebrochenen Handgelenks, indem er sich kleine Tiere vorstellte, die Knochenzement in die Bruchstelle einbauten.

Die Schaffung und der *Gebrauch von Heilbildern* scheint so einfach zu sein, daß manche Leute Schwierigkeiten haben, an Ihre Wirksamkeit zu glauben. Die Wiederherstellung und Regeneration von Gewebe sind Prozesse, die der Körper allein durchführt. Obwohl der Arzt einen Knochen schienen kann oder versucht, Schmerzen und Infektionen zu kontrollieren, ist es doch der Körper, der die Heilung bewerkstelligen muß. Entspannung und bildhafte Vorstellungen können diesen natürlichen Heilungsprozeß befördern.

In seinem Buch „Healing From Within" beschreibt Dennis Jaffe (1980) seine ersten Erfahrungen mit Heilphantasien. Dies war zu der Zeit, als sein Freund Mark einen Autounfall erlitt. Bei einem Frontalzusammenstoß wurden seine beiden Beine zerquetscht und eines unterhalb des Knies fast abgetrennt. Außerdem lagen noch mehrere komplizierte Brüche vor. Anscheinend war der Schmerz so quälend, daß jegliche Medikation fehlschlug. Obwohl die Ärzte empfahlen, beide Beine zu amputieren, weil keinerlei Hoffnung auf Heilung bestand, lehnte Mark eine Operation ab. Er tat dies trotz der Diagnose, daß er nie wieder gehen könne und sein ganzes Leben lang schwere Schmerzen im Bein verspüren würde.

Als die Schmerzen in den darauffolgenden Wochen noch schlimmer wurden, lernte Mark von einem Therapeuten, sich zu entspannen und seinen Beinen während der meisten Zeit seiner Wachphasen zu sagen, daß sie heilen sollten. Er stellte sich vor, wie sich seine gebrochenen Knochen wieder zusammenfügten, seine Infektionen ausheilten und wie er ganz normal herumlief. Seine Vorstellungen bewahrheiteten sich vollkommen. Nach zwei Jahren konnte Mark wieder gehen und humpelte nur noch leicht – eine Genesung, die seine Ärzte als „beispiellos" bezeichneten.

Jaffe ist davon überzeugt, daß Mark durch die Entspannung und die Anweisungen, die er seinem Körper gegeben hat, bestimmte innere, latente und hochwirksame Heilungsmechanismen mobilisiert hat. Er glaubt, daß wir alle über diese Kräfte verfügen. Um sie zu aktivieren, sollten wir mit tiefer Entspannung beginnen und dann ein mentales Bild davon erarbeiten, was wir von unserem Körper erwarten. Wenn wir eine technische Ader haben, ist es vielleicht angebracht, medizinische Texte zu lesen, die uns befähigen, sehr präzise Bilder zu entwickeln. Falls man diese Art der Literatur nicht bevorzugt, verwendet man vielleicht lieber symbolische oder phantasievolle Bilder. Ärzte, die mit dieser Methode arbeiten, glauben, daß es unwichtig ist, wie realistisch die Bilder sind. Wir können uns zum Beispiel vorstellen, wie unser Körper eine zusätzliche Dosis eines bestimmten Enzyms produziert, oder einfach nur an Lichtstrahlen denken, die unseren Körper mit Energie versorgen. Noch phantasievoller wäre es, kleine Männchen mit Strahlenkanonen zu sehen, die durch unseren Körper patroullieren und einen schleimigen grünen Virus umbringen. All diese Bilder werden wahrscheinlich zu ähnlichen Ergebnissen führen.

Die Hauptsache ist, daß Sie mit Ihrer Heilphantasie zufrieden sind. Wenn es sich um spontane Bilder handelt, wird dies zumeist der Fall sein. Versuchen Sie es einmal.

Entspannen Sie sich und konzentrieren Sie sich auf irgendeinen Körperteil, der Ihnen Probleme bereitet. Spüren Sie das unangenehme Gefühl ganz intensiv. Lassen Sie nun zu, daß ein Bild vor Ihrem geistigen Auge erscheint, das etwas mit diesem Körperteil zu tun hat. Stellen Sie sich vor, wie etwas mit diesem Bild geschieht, was bewirkt, daß der entsprechende Körperteil sich angenehmer anfühlt und besser funktioniert. Halten Sie sich dieses Bild fünf oder zehn Minuten lang vor Augen und denken Sie darüber nach. Wenn Ihre Aufmerksamkeit abgelenkt wird, bringen Sie sie zurück auf Ihre Heilphantasie. Das Bild verändert sich vielleicht. Lassen Sie es zu. Verfolgen Sie es, ungeachtet auf welche Art und Weise es sich verändert. Konzentrieren Sie sich während der folgenden Wochen immer wieder auf Ihre Heilvorstellung, indem Sie vielleicht mehrere Male am Tag für einige Minuten daran denken. Vielleicht kommt Ihnen das Bild auch immer wieder spontan in den Sinn. Achten Sie darauf, wann dies geschieht, und lassen Sie es einfach zu. Gestatten Sie Ihrem Unbewußten, die Heilung fortzuführen und ständig von dem Bild stimuliert zu werden.

Man nimmt an, daß viel der Heilkraft unserer Phantasie ihrer Stimulation des Immunsystems zuzuschreiben ist. Dieses Selbstschutzsystem hilft uns dabei, mit bestimmten Eindringlingen umzugehen, die durch unsere Haut, die Atemluft oder die Nahrung in unseren Körper gelangen. Wenn unser Immunsystem aktiviert wird, schickt es verschiedene Schutzsubstanzen und Abwehrzellen wie weiße Blutkörperchen und Lymphozyten durch unsere Blutgefäße und das lymphatische System zum Gefahrenherd. Daraufhin stellt der Körper andere Substanzen her, die es ihm ermöglichen, die Eindringlinge zu zerstören, seien es Viren, Bakterien oder andere Fremdkörper. Indem wir uns zum Beispiel vorstellen, wie sich große weiße Blutkörperchen vermehren und zum Infektionsherd eilen, kann es uns gelingen, unseren Körper zu effektiverem Schutz zu stimulieren.

Heilphantasien

Obwohl uns am besten gedient ist, wenn wir unsere eigenen Bilder entwickeln, sollten wir überprüfen, ob uns vielleicht die Vorstellungen anderer Menschen zusagen.

Jenny Vertigan, eine leidenschaftliche Gärtnerin, verwendet ein Bild, das ihr ganz besonders gefällt. Sie stellt sich eine wunderschöne und leuchtend gefärbte rote Rose über ihrem Kopf vor, auf deren Blüte sich ein Tropfen Flüssigkeit befindet. Diese Flüssigkeit hat magische Kräfte. Sie tropft von den Blütenblättern, landet auf Jennys Kopf und sickert durch sie hindurch, bis sie die Stelle erreicht, die Beschwerden verursacht. Dann beginnt die Flüssigkeit, diese Körperstelle zu heilen.

Jennys Freundin Mary schließt ihre Augen und läßt ihre Krankheitssymptome zu Seifenblasen werden. Dann stellt sie sich vor, wie diese Seifenblasen von einem Windstoß aus ihrem Geist, ihrem Körper und ihrem Bewußtsein geblasen werden. Sie entfernen sich immer weiter, bis sie sie nicht mehr wahrnimmt, und verschwinden hinter dem Horizont. Dann existieren sie nicht mehr.

Gegen schmerzende Augen verwendet Mary eine ganz andere Art von Vorstellung. Im Geiste zeichnet sie sich einen großen schwarzen Kreis mit einem dicken Punkt auf beiden Seiten. Er sieht ungefähr so aus:

Mary lenkt ihre Aufmerksamkeit zwischen den beiden Punkten immer wieder hin und her, bis der Kreis sich zu bewegen scheint. Er verschwindet langsam, während Mary zwischen den Punkten hin- und herschaut. Ihre Augen werden entspannt, die Sehleistung verbessert sich und der Schmerz gerät in Vergessenheit.

Bei einer anderen Heilphantasie, die Mary sehr schätzt, sieht sie eine hell erleuchtete Kugel. Sie stellt sich vor, wie die Kugel über ihrem Körper schwebt und wärmende, heilende Strahlen aussendet, die jede Faser ihres Leibes durchdringen. Sobald dies geschieht, fühlt sie, wie die Kugel sich langsam senkt, sich mit ihrem Geist und ihrem Körper vermischt und in ihrem Inneren weiterstrahlt. Auf diese Weise entsteht um sie herum eine Art Schutzschild mit enormer Heilkraft.

Solche Bilder von Licht und Wärme werden von vielen Leuten gerne verwendet. Häufig werden sie mit einem Punkt in der Nähe des Solar Plexus in Verbindung gebracht. Dieses Körperzentrum, von dem Nerven in alle Bauchorgane ausstrahlen, ist so wichtig für ein effektives Funktionieren des gesamten Systems, daß jegliche Vorstellung, die auf die Förderung seiner Funktion abzielt, mit hoher Wahrscheinlichkeit zu positiven Resultaten führt.

Legen Sie Ihre Hand auf die Oberbauchgegend und spüren Sie ein Gefühl angenehmer Wärme, die in den Solar Plexus eindringt und seine Funktionen reguliert. Dies kann geschehen, indem man sich ein Meßinstrument oder eine Uhr vorstellt, die die „korrekte Einstellung" des Solar Plexus anzeigt. Bei dieser Einstellung arbeiten alle Organe normal. Wenn Sie also an Bauchschmerzen, Menstruationsbeschwerden, Darmkrämpfen, Darmkoliken oder morgendlicher Übelkeit leiden, können Sie Ihr Meßinstrument so einstellen, daß es die „korrekten" Werte zeigt. Stellen Sie sich vor, wie die Nerven in den Bereich ausstrahlen, der Ihnen Schwierigkeiten bereitet, und beruhigende, heilende Impulse aussenden.

Diese Phantasie hat sich als sehr erfolgreich bei der Behandlung von Bettnässern erwiesen und führt manchmal zu spektakulären Resultaten in Fällen von Reisekrankheit.

Bei der Verwendung dieser Techniken ist die Vorstellung eines zukünftigen positiven Resultates äußerst wichtig. Dies widerspricht den negativen Überzeugungen und Erwartungen, die wir für gewöhnlich haben. Durch positive, selbst angeleitete Phantasien und die Vorstellung, gesund zu sein, können Hoffnungen aufgebaut werden. Man sollte einem Kranken konstruktive Aufgaben geben, anstatt ihn bloß passiv auf die Wirkung einer Behandlung warten zu lassen. Die Vorstellung eines erfolgreichen Ergebnisses wird sich besser auf den Heilungsprozeß auswirken, als wenn man sich zu irgendwelchen Dingen zwingt.

Eine weitere Methode, um von Phantasien zu profitieren und überdies die Wirksamkeit jedes Heilverfahrens zu erhöhen, ist die *Technik der gespaltenen Leinwand.*

Stellen Sie sich eine große Leinwand vor, wie man sie in Autokinos findet. Diese Leinwand wird in drei Segmente aufgeteilt. Auf dem rechten Drittel sehen Sie sich selbst so, wie Sie sind. Wenn Ihr Problem also ein verstauchter Fußknöchel ist, sehen Sie sich mit dieser Verletzung – unfähig zu gehen und an den Schmerzen leidend.
Dann knipsen Sie dieses Bild aus, auf dem Sie mit geschwollenem und entzündetem Knöchel zu sehen sind, und der rechte Teil der Leinwand wird schwarz. Als nächstes wenden wir uns dem mittleren Segment zu, auf dem Sie die Behandlung der Verletzung betrachten können. Vielleicht brauchen Sie während der ersten 24 Stunden Eisbeutel und anschließend eine Wärmetherapie. Sie können sich auch vorstellen, ein homöopathisches Mittel wie zum Beispiel Arnika einzunehmen, dessen Vorzüge ich in dem Buch „The Healing Factor" eingehend erwähnt habe
Nachdem Sie dieses mittlere Segment „ausgeknipst" haben, sehen Sie sich auf dem linken Teil der Leinwand so, wie Sie gerne sein wollen. Sie können ohne Probleme gehen, Ihr Knöchel ist weder angeschwollen noch entzündet.
Indem Sie sich das gewünschte Ergebnis vorstellen – gleich ob es sich um Gesundheit oder ein bestimmtes Lebensziel handelt – und ihrem Unbewußten gestatten, Ihnen ohne Störung durch das Bewußte bei der Erreichung dieses Zieles behilflich zu sein, nutzen Sie wertvolle Ressourcen in Ihrem Inneren. Diese Ressourcen können Sie sich als inneren Ratgeber oder als Quelle des Wissens vorstellen.

Der innere Ratgeber

Wenn Sie sich einen inneren Ratgeber schaffen und mit ihm kommunizieren, können Sie lernen, wichtige Informationen von Ihrem Unbewußten zu erhalten. Sie werden nach und nach vertrauter mit Teilen in Ihnen, die Ihnen zuvor bewußt nicht zugänglich waren. Es kommt zum Dialog zwischen Ihrem bewußten und Ihrem unbewußten Selbst. Oft entdeckt man Gefühle, die einem bis zu diesem Zeitpunkt unbekannt waren, oder Konfliktursachen in der Vergangenheit, die die Widerstandskraft geschwächt und einen anfällig für bestimmte Leiden gemacht haben.

Obwohl es zunächst schwierig ist, diese Idee zu akzeptieren, scheint es, als würden unser Körper, unsere unbewußten Potentiale und unsere Bedürfnisse und Funktionen völlig unabhängig voneinander in uns arbeiten. Obwohl Sie unser Verhalten beeinflussen, sind wir uns der Dinge, die geschehen, häufig nicht bewußt. Aus diesem Grunde kann die in Kapitel 3 beschriebene Reframing-Methode in vielen Fällen zu verblüffenden Erfolgen führen. Es ist sehr nützlich, solche Techniken zu kennen, da es keine leichte Aufgabe ist, die verborgenen Teile unseres Selbst zu integrieren.

Jaffe (1980) hat in seinem Buch „Healing From Within" beschrieben, daß viele schwere Krankheiten schnell geheilt werden konnten, nachdem die Patienten erkannten, „daß Sie einen Teil ihres Selbst verleugnet, vergessen, ignoriert, abgelehnt oder verschmäht hatten." Eine Art innerer Dialog kann uns dazu verhelfen, diese Ablehnung zu erkennen und die entsprechenden Aspekte zu reintegrieren, was in den meisten Fällen zu einer Besserung der Beschwerden führt. Ein solcher Dialog kann auf verschiedene Art und Weise geführt werden.

Jaffe führt das Beispiel einer Patientin an, die brieflich mit ihrer Krebserkrankung kommunizierte.

Ich begann, Briefe an meinen Krebs zu schreiben, um mit ihm in Kontakt zu kommen. Ich habe erkannt, daß wir all das mit Energie versorgen, was wir hassen. Diese Objekte des Hasses haben dann die Kraft, uns zu verletzen. Wenn wir uns jedoch mit unserem Problem anfreunden, wird es uns nichts antun. Wir können nicht einfach etwas von uns weisen und Gott den Rest überlassen. Zunächst müssen wir das Problem akzeptieren, weil es letzlich wir selbst waren, die es geschehen ließen.

Ich schrieb zunächst auf, was ich über meinen Krebs dachte, und dann, was der Krebs zu mir sagte. Mir gelang es, eine ganze Menge über mich herauszufinden – darüber, wie ich meine wirklichen Bedürfnisse ignoriere und niemand anderen um Hilfe bitte. Ich glaube nicht, daß ich all das erfahren hätte, wenn ich nicht an Krebs erkrankt wäre. Es ist sehr schade, daß die Lektionen, die uns das Leben erteilt, so hart sein müssen, aber ich habe schließlich Dingen Aufmerksamkeit geschenkt, die auch sie zur Erhaltung ihrer Gesundheit beachten sollten.

Dieses Beispiel erweckt den Anschein, als wäre der Krebs möglicherweise das Ergebnis einer lebenslangen systematischen Selbstverleugnung. Die Patientin verwendete den Krebs als inneren Ratgeber, der ihr dabei helfen sollte, sich selbst zu verstehen. Das Gespräch mit der Krankheit kann sich als sehr wertvoller Dialog erweisen, wenn wir sie wie eine innere Stimme betrachten, die uns sagt, was wir im Leben falsch machen. Sie kann uns auch zeigen, wie wir unsere Lage verbessern können.

Jaffe berichtet auch von einem anderen Fall – einer Krankenschwester, die mit einer Verformung der Hüfte geboren wurde. Das Wohlergehen ihrer Hüfte und ihrer Beine lag ihr besonders am Herzen. Immer wenn sie Beschwerden hatte, fragte sie ihre angespannten Muskeln, was sie für sie tun konnte. Wie mit „einer Stimme in ihrem Kopf" antworteten sie: „Massiere uns" oder „nimm dir einen Tag frei und lies ein Buch." Oft verhandelte sie auch mit ihren Körperteilen. Wenn sie etwas besonders Anstrengendes vorhatte, sagte sie zu ihren Hüften: „Wenn ihr mich das ohne große Schmerzen tun laßt, werde ich mir besondere Mühe geben, euch während der nächsten zwei Tage zu schonen. Geht das in Ordnung?" Dann wartete sie auf eine Antwort. So komisch es sich auch anhören mag, aber es gestattete der Krankenschwester, über viele Jahre hinweg schmerzfrei zu leben. Ob ein solches Vorgehen grotesk erscheint oder nicht – wenn es einem das Leben angenehmer macht, ist es auf jeden Fall sehr nützlich.

Obwohl es nicht ungewöhnlich ist, daß Menschen Ihre eigene Krankheit als inneren Ratgeber verwenden, ist der Berater doch häufiger eine Person, ein

Tier oder ein Gegenstand. Es gibt viele Möglichkeiten, sich einen solchen Ratgeber auszudenken. Am Beginn einer Phantasie, die Jean Houston (1982) in seinem Buch „The Possible Human" entwickelt hat, steht die *vollkommene körperliche Entspannung.*

Stellen Sie sich vor, Sie stünden auf dem Gipfel eines Berges und würden einen Weg zurück ins Tal suchen. Sie sehen, daß Stufen in den Stein geschlagen sind und einen Weg bilden, der sich um den Berg herum schlängelt und hinunter führt. Sie folgen diesen Stufen, obwohl der Weg beschwerlich und holprig ist. Wenn Sie im Tal angekommen sind, sehen Sie eine Türe, die in den Berg hinein führt. Sie treten ein und befinden sich in einem langen Korridor. Sie verspüren ein angenehmes Gefühl, denn im Korridor herrscht eine Atmosphäre von Sicherheit und Geborgenheit.

Als Sie tiefer in den Berg eindringen, entdecken Sie, daß Bilder an den Wänden hängen, auf denen herrliche Naturszenen dargestellt sind. Überall um Sie herum befinden sich wunderschöne Felsformationen. Am Ende des Korridors sehen Sie eine Türe, auf der geschrieben steht: „Er, der alles über Gesundheit weiß."

Sie öffnen die Türe und gehen hinein, um dieses wundersame Wesen zu treffen.

Es ist ein Mensch oder ein Gegenstand, der alles über Sie weiß – etwas, das Ihr gesamtes Wissen über Ihren eigenen Körper repräsentiert und das auf einen ungeheuer großen Informationsschatz zurückgreifen kann, was Ihren Gesundheitszustand und mögliche Heilmethoden betrifft. Setzen Sie sich diesem Wesen gegenüber in einen Stuhl. Stellen Sie Fragen über sich selbst, sowohl spezifische wie auch allgemeine. Verlangen Sie keine Antworten, sondern warten Sie ab. Seien Sie allem aufgeschlossen, was kommen mag. Er, der alles über die Gesundheit weiß, kann über Worte, Bilder, Muskelempfindungen oder Gefühlszustände mit Ihnen kommunizieren.

Wenn Sie glauben, alle Botschaften vernommen zu haben, fragen Sie den Weisen: „Was kann ich für Sie tun?" Setzen Sie sich ruhig und in sich selbst versenkt hin, und denken Sie über die Antwort nach. Bedanken Sie sich anschließend bei dem Weisen für die Einsichten, die Sie gewonnen haben, verlassen Sie den Raum, schließen Sie die Türe hinter sich, gehen Sie den Weg zurück und integrieren Sie Ihr neues Wissen, bis Sie wieder auf dem Gipfel des Berges angelangt sind. Öffnen Sie die Augen und verlassen Sie diese Vorstellung. Nun wissen Sie, daß Sie diesen Weg jederzeit wieder beschreiten können, um mehr zu erfahren, wann immer es nötig ist.

Aus diesen inneren Dialogen erfahren Sie häufig Dinge über Ihr Energieniveau und über die verschiedenen Krankheiten, an denen Sie leiden. So wie Sie Ihr Unbewußtes zur Beschleunigung des Heilungsprozesses einsetzen können, kann es Ihnen auch dabei behilflich sein, neue Energie zu schaffen.

Die Schaffung neuer Energien

Tim Anders, ein Mechaniker, der den Eindruck vermittelt, er wäre der praktischste und bodenständigste Mensch der Welt, gebraucht seine rege Vorstellungskraft sehr effektiv, um sein Energieniveau anzuheben, wenn er Zeichen von Müdigkeit verspürt. Er stellt sich vor, wie er auf einem Bett liegt und in weißes Licht gehüllt wird. Neben diesem Bett steht ein Tisch mit einem Glas Wasser darauf. Es handelt sich um ein ganz besonderes Wasser, denn es steckt voller Energie – voller absoluter Lebenskraft. Wenn Tim in das Wasser schaut, sieht er das Weltall, und wenn er trinkt, stellt er sich vor, er würde unendliche Kräfte in sich aufsaugen, die nacheinander sämtliche Körperteile durchdringen.

In dieser Vorstellung sieht Tim seinen Körper als eine Art Transformator. Er saugt die Energie und Heilkraft des Universums ein und verwendet sie dann dort, wo es nötig erscheint. Entweder richtet er sie nach innen oder nach außen auf andere Menschen. Tim hat festgestellt, daß er Leute mit Energie versorgen und heilen kann.

Die Entdeckung dieser Eigenschaft verlief fast zufällig, was meine Vermutung unterstützt, daß die meisten Menschen von uns dazu fähig sind, andere zu heilen. Wir brauchen jedoch Selbstvertrauen und die feste Überzeugung, daß wir anderen tatsächlich helfen können. Wenn wir uns unserer Phantasie bedienen, um äußere Kräfte nutzbar zu machen – sei es die „universale Energie" oder irgendetwas anderes – kann sich dies sehr günstig auf die Erlangung dieses Selbstvertrauens auswirken.

Der Glaube an die Kraft unseres Körperzentrums unter dem Bauchnabel kann diesbezüglich auch seinen Zweck erfüllen. Sie können sich diesen Ort als Zentrum der Energie und Lebenskraft vorstellen. Da die wichtigsten Muskeln an dieser Stelle ansetzen, beginnt jede effiziente Bewegung in unserem Zentrum. In unserer Vorstellung können wir nahezu alles in Energie umwandeln, indem wir es in dieses Zentrum hineinatmen. Sie müssen erkennen, daß alles Energie ist – sei es die Angst davor, alleingelassen zu werden, die Schwierigkeit, auf Fremde zuzugehen oder der Ärger über den platten Autoreifen. Die zusammengepreßten Zähne, das Zucken der Augenlider, die gerunzelte Stirn und der nervös auf den Tisch trommelnde Finger sind Komponenten der Energie, die nur darauf warten, wieder in ein Ganzes integriert zu werden. Atmen Sie sie in Ihr Zentrum ein, verwandeln Sie sie und bedienen Sie sich dieser Energie in positiver Art und Weise.

Wenn Sie einatmen, konzentrieren Sie sich darauf, Energie durch die Nase, die Luftröhre und das Herz in Ihr Zentrum im Unterleib einzusaugen, wo Sie sie speichern können. Wenn Sie ausatmen, schicken Sie diese Energie nacheinander in Ihre einzelnen Körperteile und lassen Sie Ihre Müdigkeit verschwinden. Vielleicht nehmen Sie die einströmende Energie als helles weißes Licht wahr, das ihren Körper regeneriert, und die Erschöpfung als schwarze Wolke, die sich bald vollkommen auflöst. Eine *Energieskala* kann sich ebenfalls als sehr hilfreich erweisen. Immer wenn Sie das helle Licht einatmen, erhöht sich der Wert auf Ihrer 1 bis 10-Energieskala um einen oder einen halben Punkt. Bringen Sie sich selbst auf das gewünschte Niveau, verlassen Sie die Vorstellung und konzentrieren Sie sich auf die Energie, die Sie sich selbst geschaffen haben.

Die Wirksamkeit einer imaginären Skala im Zusammenhang mit ihren Problemen sollte nicht unterschätzt werden. Die besten Resultate mit dieser Phantasie lassen sich bei der Schmerzreduktion beobachten. Mit diesem Thema werden wir uns im nächsten Kapitel beschäftigen.

9 Schmerzbewältigung

Das Bild der Skala

Bei der Schmerzbewältigung haben sich zwei Skalen als sehr nützlich erwiesen. Die erste bezieht sich auf die eigentliche Schmerzempfindung. Fragen Sie sich selbst: „Wenn ich meine Schmerzen auf einer Skala von eins bis zehn einschätzen würde, welchen Wert würde ich in diesem Moment angeben? Wie stark waren die maximalen Schmerzen, die mir mein Leiden bisher bereitet hat? Wie hoch auf der Skala liegt der durchschnittliche Tageswert?“ Der zweite Aspekt der Schmerzen ist das individuelle Ausmaß des Leidens oder der Beeinträchtigung des Tagesablaufs. In diesem Punkt können Sie sich die gleichen drei Fragen stellen und einfach „Schmerz“ durch „Beeinträchtigung“ ersetzen.

Betrachten Sie im entspannten Zustand die Zahl auf der Skala, die Sie momentan angeben würden. Beobachten Sie sie genau, weil sie das Ausmaß des Schmerzes kennzeichnet. Stellen Sie sich vor, wie die Zahl kleiner und kleiner wird, und während dies geschieht, fühlen Sie sich immer besser. Die Zahl wird kleiner und kleiner, bis Sie bei der Zahl 1 angekommen sind.

Weil Ihnen der Schmerz signalisiert, daß etwas mit Ihrem Körper nicht stimmt, und Sie dies wissen müssen, ist es ratsam, ein geringes Ausmaß aufrechtzuerhalten. Mit Hilfe dieser Methode wird es Ihnen gelingen, Ihr Befinden beträchtlich zu verbessern. Sie werden Ihre Schmerzen reduzieren können, wissen jedoch nicht, wie stark. Falls es nicht gleich auf Anhieb funktioniert, müssen Sie das Vorgehen vielleicht einige Male wiederholen. Um das Ausmaß der empfundenen Beeinträchtigung zu reduzieren, können Sie dieselbe Methode verwenden. Vielleicht ziehen Sie auch eine der Verfahrensweisen vor, die im folgenden näher beschrieben werden.

Welche Vorstellung ist am besten für Sie geeignet?

Es ist vielleicht das Beste, verschiedene Ansätze zur Schmerzreduktion auszuprobieren, um herauszufinden, welcher bei Ihnen am besten funktioniert. Mit jeder der Entspannungs- und Tranceinduktionsmethoden in diesem Buch können Sie ganz unverbindlich experimentieren.

Sobald Sie sich entspannt haben, stellen Sie sich vor, Sie säßen im Behandlungsstuhl des Zahnarztes oder befänden sich in irgendeiner anderen Situation, in der Sie Schmerzen erwarten. Wenn sich Ihre Muskeln anspannen, wiederholen Sie die Entspannungsübung und stellen sich vor, Sie wären in einer angenehmen Situation.

Dies ist eine Art des Vorgehens. Sobald Sie sich entspannt haben, können Sie sich aber auch vorstellen, Sie würden eine aufregende und interessante Tätigkeit ausüben. Sie könnten zum Beispiel Wasserski fahren, auf einer kurvigen Straße sehr schnell mit dem Auto unterwegs sein, surfen, tanzen oder irgendetwas tun, das Sie anregt. Wenn Sie von einer Tätigkeit voll in Anspruch genommen werden, können Sie vielleicht besser die negative Vorstellung des Zahnarztstuhles „abschalten", als wenn Sie sich passiv an einem ruhigen und stillen Ort befinden.

Vielleicht funktioniert es noch besser, wenn Sie in Ihrer Phantasie Ihren *Lieblingshelden* oder Ihre Lieblingsheldin verkörpern. Entspannen Sie sich und stellen Sie sich die Situation im Behandlungsstuhl vor. Dann schalten Sie ab und werden zu einem berühmten Athleten, einem meisterhaften Chirurgen, zu einem Orchesterdirigent, einem Rocksänger vor Tausenden von Fans oder zu irgendjemandem, den Sie bewundern. Eine der schnellsten „Heilungen", die mir je gelungen sind, beruhte auf einer Variante dieses Ansatzes.

Der 13jährige Sohn eines Freundes war Bettnässer. Einmal unterhielt ich mich mit dem Jungen, während sein Vater noch telephonierte. Er sprach über Fußball und über den Spieler, den er am meisten bewunderte. Ich fragte ihn ganz ernst, ob er glaubte, dieser Mann würde nachts in sein Bett machen. Der Junge war allein über den Gedanken vollkommen schockiert. Dann sprachen wir noch einige Minuten über andere Dinge, bevor ich zu seinem Vater ging. Von diesem Tag an gelang es dem Jungen anscheinend immer häufiger, in der Nacht den Harn zurückzuhalten, und nach drei Wochen hatte er sich praktisch selbst geheilt.

Die Vorstellung eines Idols kann sich bei Verhaltensmodifikationen als ausgesprochen wirksam erweisen. Um auf einem Zahnarztstuhl abzuschalten, kann man sich auch vorstellen, man befände sich zu Hause, läge auf seinem Bett und würde das Geräusch des Staubsaugers im Nebenzimmer hören. Das Geräusch kommt näher und näher – es scheint schon fast in Ihrem Mund zu sein. Das macht jedoch nichts aus. Sie können angenehm entspannt bleiben und darüber nachdenken, was Sie heute noch unternehmen werden.

In vielen Situationen empfiehlt sich die *Verwendung von Geräuschen,* um bildhafte Vorstellungen noch lebhafter zu gestalten. Lassen Sie uns bei dem Beispiel mit dem Zahnarztstuhl darauf zurückgreifen.

Sie sitzen in diesem Stuhl und der Zahnarzt bereitet sich auf die Behandlung vor. Denken Sie zunächst daran, was Sie tun würden, wenn Sie *nicht* in der Praxis wären. Wenn es sich hierbei um uninteressante Dinge handelt, verwenden Sie einfach eines der in diesem Kapitel vorgeschlagenen Bilder. Sobald Sie das Bild genau vor Augen haben, stellen Sie sich vor, daß Sie zur gleichen Zeit Musik hören können, die aus dem Radio oder von einem Tonband kommt. Klopfen Sie im Takt der Musik auf die Armlehne des Stuhles. Konzentrieren Sie sich nur darauf, was Sie sehen und hören wollen, auf das Bild und die Musik. Was immer der Zahnarzt in Ihrem Mund tut, wird vollkommen unwichtig.

Während Sie Ihre Aufmerksamkeit vom Mund ablenken, dämpfen Sie jede Art von Schmerz. Wenn wir uns wie im Normalfall darauf konzentrieren, was der Zahnarzt mit uns macht, verstärken wir den Schmerz durch unsere eigene Angst. Der Effekt von Dämpfung und Verstärkung kann besonders gut bei Patienten mit Verbrennungen beobachtet werden. Wenn man bei einer Verbrennung relativ ruhig bleibt oder mental so umschalten kann, daß man den betroffenen Stellen keine Aufmerksamkeit mehr schenkt, reagiert die Haut nur minimal. Die Verbrennung ist in diesen Fällen exakt auf die Hautpartie beschränkt, die der Hitze ausgesetzt wurde. Ist die entsprechende Person jedoch sehr ängstlich und besorgt und konzentriert sich stark auf die Empfindung der Verbrennung und des Schmerzes, kann sie den Umfang und die Tiefe der Verletzung verstärken. Auch hier wird also die Notwendigkeit deutlich, sich mit einer Reihe mentaler Aktivitäten zu befassen, die vom Schmerz ablenken.

Ablenkung mit Hilfe von Vorstellungen

Geraldine Eggleston, eine ältere Dame mit einer langen Geschichte schmerzhafter Erkrankungen, hat über die Jahre hinweg gelernt, sich von ihrem Leiden zu distanzieren. Eine ihrer Methoden ist, die Aufmerksamkeit von der schmerzenden Stelle abzulenken und sie auf eine andere Körperregion zu richten. Jedesmal wenn sie Schmerzen verspürt, konzentriert sie sich ausschließlich auf die Empfindungen in den Fingern der linken Hand. Geraldine reibt die Finger gegeneinander und beschreibt exakt ihre Oberfläche, die Temperatur und jedes andere Gefühl. Immer wenn sie die Versuchung verspürt, sich wieder auf den Schmerz zu konzentrieren, reibt sie erneut die Finger gegeneinander, um ihre Aufmerksamkeit abzulenken.

Bei anderen Gelegenheiten legt sie ihre Fingerspitzen leicht auf ihren Solar Plexus oder hält die Hand einige Millimeter darüber. Dann stellt sich Geraldine ein weißes Licht vor, das in ihre Fingerspitzen eindringt und die Finger mit Energie auflädt, bis sie vor lauter Kraft zu vibrieren scheinen. Nun setzt sie die Finger auf die schmerzende Stelle und läßt das weiße Licht in sie einströmen, das seine heilende Wärme verbreitet.

Oft resultiert dieses Vorgehen in einem *Gefühl der Taubheit,* das viel leichter zu ertragen ist, als der Schmerz. Tatsächlich haben viele Menschen Wege gefunden, mit Hilfe der Vorstellung schmerzende Körperteile zu betäuben. Sie können sich zum Beispiel vorstellen, Sie säßen in einer mit Eis gefüllten Badewanne, wodurch sich Ihr Körper so abkühlt, daß er schmerzunempfindlich wird. Sie können auch ein Glas eiskaltes Wasser auf die schmerzende Stelle halten. Das Gefühl in diesem Teil des Körpers wird von dem Wasser wie von einem Magnet herausgezogen.

Wir kennen das Taubheitsgefühl im Anschluß an eine Novocaininjektion. Mit Hilfe der Phantasie können Sie dieselben Empfindungen herbeiführen. Stellen Sie sich die Nadel vor, wie sie schmerzlos in die schmerzende Stelle eindringt. Fühlen Sie die Taubheit im Bereich um die Einstichstelle und anschließend die Wirkung des Novocains: eine zunehmende Betäubung, die allen Schmerz beseitigt.

Das Novocain könnte zum Beispiel in Ihre Hand injiziert werden und sie schläft ein. Sie fühlt sich an, als wäre sie ganz träge – so wie ein Holzscheit oder als wäre sie in einen dicken Lederhandschuh eingehüllt. Sie können dieses Gefühl dann auf einen anderen Körperteil übertragen, indem Sie ihn berühren und das taube Gefühl durch Ihre Finger in die schmerzhafte Stelle übergehen lassen.

Wenn Sie einen Körperteil auf diese Art und Weise betäuben, ist es so, als würden Sie sich von ihm dissoziieren.

Dies tut auch Geraldine, wenn sie eine Spritze bekommt. Die Nadel wird nicht in ihren, sondern in irgendeinen Arm gestochen. In ihrer Vorstellung verläßt sie ihren Körper und betrachtet ihren Arm aus einer gewissen Distanz. Da sie sich auf diese Weise von sich selbst entfernt, stellt sie sich den Arm wie ein Objekt vor. Eigentlich ist es so, als würde die Kanüle in die Armlehne des Stuhles gestochen.

Dieses Konzept der *Dissoziation* kann noch weitergeführt werden. Manchmal stellt sich Geraldine eine andere Person vor, die so gekleidet ist und genau so aussieht wie sie und die an ihrer Stelle behandelt wird und die Schmerzen empfindet. Sie selbst verspürt jedoch kein unbehagliches Gefühl. Es ist die „andere Frau" die leidet. Während diese „andere Frau" behandelt wird, kann sich Geraldine mit anderen Dingen beschäftigen. Sie läßt ihre Blicke langsam über die Decke und dann die Wand hinunter wandern. Dann schaut sie sich die Vorhänge an den Fenstern an und beobachtet die Struktur der Gardinen. Auf diese Weise kombiniert sie Ablenkung mit Dissoziation – eine sehr effektvolle Kombination, denn der Schmerz besteht hauptsächlich aus zwei Komponenten: der Angst vor dem Schmerz und der Konzentration auf den Schmerz. Durch ihre Distanzierung und ihre Konzentration auf andere Dinge als den Schmerz hat Geraldine viel von ihrer Angst und somit auch viel von ihren Schmerzen verloren.

Manchmal verwendet sie ihre „magische Decke". In ihrer Phantasie hat sie sich eine federleichte und wunderschöne Decke geschaffen, die magische Qualitäten hat. Sie stellt sich vor, wie diese Decke von den Knien bis hin zu den Füßen über ihre Beine gelegt wird. Allmählich werden ihre Beine gefühllos und die Decke absorbiert alle Schmerzen. Bald ist sie sich ihrer Beine und Füße nicht mehr bewußt. Die Decke wird nun ein wenig mehr entfaltet und bedeckt auch ihre Schenkel und Hüften, denen sie wieder alle Schmerzen entzieht. Dies wird immer weiter fortgesetzt und die Decke reicht ihr schließlich bis zum Kinn. Nun kann sie „ihren Körper verlassen" und in Gedanken einen Ort aufsuchen, an dem sie entspannt, glücklich und frei von allen Schmerzen ist und ihren Körper nicht mehr wahrnimmt.

Abschalten

Auch Roger Pearson gelingt es sehr gut, seine Schmerzen zu kontrollieren. Seine rechte Hand bereitet ihm Probleme, da er an einer sehr schmerzhaften Arthritis leidet. Anfänglich hatte er eine Schmerzreduktionstechnik verwendet, die sich bei Zahnarztbesuchen als sehr erfolgreich erwies. Er stellte sich einen angenehm kühlen Nebel vor, der seine Wangen berührte, den er einatmete und der seine Zunge, seinen Mund und seinen Hals betäubte. Als Roger jedoch versuchte, diesen Nebel in seine Hand einzuatmen, führte dies nicht zu der erwarteten Erleichterung.

Dann verwendete er eine Dissoziationstechnik. Hierbei stellte er sich vor, daß er seine Hand abschraubte und sie nicht mehr länger ein Teil von ihm war. Diese Methode funktionierte auch nicht.

Rogers Schwierigkeiten zeigen uns deutlich, daß sich nicht jede Technik auch für jeden Patienten eignet. Bei anderen Personen aus meinem Bekanntenkreis haben sowohl der Betäubungsnebel wie auch die abgeschraubte Hand recht gut gewirkt.

Rogers dritter Versuch war erfolgreicher. Er stellte sich Nerven wie Drähte vor, die von seinen Händen ausgingen und den Arm, die Schulter und den Hals hinauf verliefen. Je näher sie dem Gehirn kamen, desto dicker wurden sie und desto mehr Information konnten sie übermitteln. An der dicksten Stelle, kurz bevor sie ins Gehirn eintraten, durchliefen sie eine Schaltbox mit einem Hebel, der es gestattete, den „Strom" an- oder auszuschalten. Die Stellung „aus" bewirkte, daß kein Signal mehr durch den Draht übertragen werden konnte.

Roger erweiterte dieses Bild noch. Er stellte sich vor, seine Haut sei durchsichtig, so daß er die Knochen, Blutgefäße und Muskeln sehen konnte. Die feinen Nervendrähte waren in seinen Fingerspitzen noch sehr dünn und wurden über die Hand bis hin zum Ellenbogen immer dicker. Sie waren von blauer Farbe und führten durch seine Wirbelsäule, den Nacken hinauf und in die schwarze Schaltbox mitten in seinem Kopf. Obwohl er heute nur einen einzigen Hebel verwendet, um den „Schmerzstrom" auszuschalten, stellte er sich ursprünglich eine ganze Reihe von Schaltern in dieser Box vor. Unter jedem von ihnen befand sich ein kleines Zeichen, das anzeigte, welcher Teil des Körpers kontrolliert wurde.

Roger schaltete seine Hand aus. Nachdem er jedoch mehr Erfahrungen mit dieser Technik gesammelt hatte, zog er es vor, einen Hebel als Hauptschalter zu verwenden, der unangenehme Gefühle in seinem ganzen Körper beseitigte.

Man kann sich auch vorstellen, die schmerzende Stelle wäre über Kabelstränge in der Breite einer Autobahn mit dem Kontrollzentrum im Gehirn verbunden. Irgendwo zwischen den beiden Endpunkten befindet sich eine Straßensperre. Die Schmerzenergien strömen nun über diese Autobahn und werden an der Straßensperre gestoppt. Die Straße hinter der Sperre bleibt frei von der Schmerzbotschaft. Das Kontrollzentrum empfängt auf diese Weise gar keine Schmerzimpulse mehr. Die Wirksamkeit dieser Vorstellung läßt sich durch verbale Suggestionen, daß der Schmerz die Straßensperre nicht überwinden kann, noch verstärken.

Sie können auch eine andere Abwandlung dieser Vorstellung verwenden.

Stellen Sie sich Ihre Verletzung sehr detailliert bildlich vor und versiegeln Sie sie auf irgendeine Art und Weise. Sie können einen Schutzwall um die schmerzende Stelle herum errichten, Sie in einen lichtgefüllten Ballon einschließen oder sich vorstellen, Sie wäre von einem Schein wie aus Neonröhren umgeben. Welche Bilder Sie auch verwenden, Sie sollten ein Schutzschild herstellen, damit die zum Gehirn führenden Nerven keine Schmerzbotschaft weiterleiten können.

All diese verschiedenen Methoden blockieren die Weiterleitung der Schmerzimpulse zum Gehirn und Sie nehmen die Beschwerden nicht mehr wahr. Es ist verblüffend, daß Ihnen auch das genaue Gegenteil, nämlich die Konzentration auf den Schmerz, Erleichterung verschaffen kann.

Konzentration auf die Schmerzen

Carol Higgins, eine berufstätige Mutter mit drei Kindern, leidet an starken Rückenschmerzen. Vor einiger Zeit gelang es ihr, durch Dissoziation ein wenig Kontrolle über ihren Schmerz zu gewinnen. Sie stellte sich eine

„andere Person“ vor, die genauso angezogen war und aussah wie sie selbst und die an ihrer Stelle den Schmerz empfand. Sie selbst distanzierte sich von ihren Beschwerden. Diese „andere Person“ hatte auch die oben erwähnten Schalter in ihrem Gehirn. Jeder Schalter hatte drei Stellungen: nach oben, um den Schmerz zu verstärken, in der Mitte, um den Schmerz auf gleichem Niveau zu halten, und nach unten, um ihn zu reduzieren. So konnte sich Carol vorstellen, daß die andere Person Ihre Schmerzen kontrolliert, deren Intensität willentlich verändern und die Empfindlichkeit jedes Körperteils erhöhen oder verringern kann.

Dieser Ansatz half Carol länger als ein Jahr, mit der Zeit verlor er jedoch seine Wirksamkeit, sowohl wenn die „andere Person“ die Schalter bediente, als auch, wenn sie sie selbst gebrauchte. Dies ist ein sehr wichtiger Aspekt. Nur in den seltensten Fällen verläuft alles perfekt und behält für immer seine Wirkung. Dinge, die uns zu einer Zeit hervorragend gefallen, erscheinen uns zu anderen Zeitpunkten gar nicht so wunderbar. Stoßen wir auf etwas, das unser Leben enorm bereichert, sind wir zunächst ganz enthusiastisch. Wir glauben, wir hätten endlich die Antwort auf alles gefunden. Vielleicht ist es ja das Geheimnis des Lebens, daß gar kein Geheimnis existiert. Wir können alles verwenden, das uns Nutzen bringt, sollten jedoch flexibel bleiben und andere Dinge ausprobieren, wenn die Effektivität unserer Methoden nachläßt.

Auch Carol mußte dies tun. Ihr neuer Ansatz ergab sich fast zufällig. Als sie in ihrer Vorstellung einmal ihre eigenen Schalter in die obere Position stellte – ein Ereignis, das selten eintrat – fühlte sie tatsächlich, daß der Schmerz verringert und nicht verstärkt wurde. Zunächst war sie darüber sehr überrascht. Als sie jedoch in einer Zeitschrift einen Artikel über die therapeutische Technik der paradoxen Intervention las, machte ihre Erfahrung plötzlich Sinn für sie. Bei dieser Methode wird der Patient dazu ermuntert, Dinge zu tun, vor denen er eigentlich Angst hat. Ein Stotterer wird zum Beispiel dazu angehalten, willentlich stärker zu stottern als je zuvor. Es mag verblüffend erscheinen, aber je mehr er dies zu tun versucht, desto flüssiger spricht er. Auch ein Patient, der Angst vor dem Erbrechen hat, kann sich oft selbst dadurch helfen, indem er so krampfhaft wie möglich versucht, sich zu übergeben.

Carol glaubte, daß etwas Ähnliches mit ihren Schmerzen geschehen war. Das nächste Mal, als sie Rückenschmerzen hatte, konzentrierte sie sich darauf, schenkte den Beschwerden ihre volle Aufmerksamkeit und versuchte, sie sogar noch zu verstärken. Sie beschrieb sich selbst ihre Schmerzen bis ins Detail. Tat es auf einer Seite mehr weh als auf der anderen? Waren es starke oder leichtere Schmerzen? Hatte sie den Eindruck der Schwere oder der Leichtigkeit? Welche Farbe hatte der Schmerz? Wanderte er von einer Stelle zur anderen? War es heiß oder kalt?

Wie ich bereits zuvor in Kapitel 6 erwähnte, können Sie einen solch detaillierten Überblick als Vorbereitung einer Veränderung betrachten. Der Schmerz läßt sich vielleicht reduzieren, indem man ihm eine neue Farbe gibt, die mit angenehmen Gefühlen assoziiert ist. Eine Verbrennung läßt sich zum Beispiel durch die Vorstellung kühlender Eisbeutel behandeln.

Farbveränderungen können in sehr komplexe Phantasien eingebaut werden.

Während Carol sich vollkommen auf den Schmerz konzentrierte und ihn exakt lokalisierte, stellte sie sich vor, sie befände sich in einem Raum, in dessen Mitte eine Brücke gespannt ist. Wenn man auf dieser Brücke stand, fühlte man sich wie im Innern einer Kugel, die mit bunten Weltkarten ausgekleidet war. In diesem Fall waren es jedoch Karten, deren rote Bereiche genau die Intensität und Konzentration sowie die topographische Lage von Carols Schmerzen anzeigten. Carol stellte sich vor, daß ein Verdünnungsmittel zu der roten Farbe gegeben würde, das sie ein wenig verblassen läßt. Eine Art Neutralisation fand statt – so als würden die Schmerzen ausgewaschen und immer harmloser. Es sah schon viel besser aus.

Heute verwendet Carol diese Phantasie nicht nur, um Schmerzen zu reduzieren. Wenn sie den Schmerz sozusagen von innen her untersucht, kann sie manchmal auch sehen, was sich daneben, darum herum und darin befindet. Sie sieht, wann die Beschwerden begannen, wann sie wiederkehren, mit wem oder mit was sie zusammenhängen, und erfährt noch weitere wertvolle Dinge, wie dies auch bei der Technik mit dem versteckten Berater aus Kapitel 8 der Fall war.

Einmal, als sie sich im Anschluß an eine Rückenoperation in der Klinik aufhielt, stellte Carol fest, daß ihre Phantasie mit der Karte den Schmerz nicht mehr effektiv genug reduzierte. Wie vorher schon erwähnt, ist die Wirksamkeit der verschiedenen Methoden manchmal gewissen Schwankungen unterworfen. Dann verwendete sie eine andere Dissoziationstechnik, die sich besonders gut für bettlägerige Patienten eignet.

Wann immer sie spürte, daß sie ihre Schmerzen nicht mehr aushalten konnte, ließ sie ihren Körper allein im Bett liegen und stellte sich vor, ihr Kopf und ihre Schultern würden in einen Rollstuhl gesetzt. Dieser Rollstuhl wurde in einen anderen Raum geschoben. Dort konnte sie faszinierende Fernsehsendungen anschauen, so lange sie wollte, und anschließend zu dem Rest ihres Körpers zurückkehren, der die Schmerzen ertragen hatte, ohne daß es ihr bewußt geworden war.

Carol hatte diese Technik auch schon früher bei der Geburt ihrer zwei Kinder verwendet. Hier stellte sie sich entweder tatsächliche Fernsehsendungen vor oder sah, wie die Geburt auf dem Bildschirm stattfand. Jedem Leser, der ebenso gerne fernsieht wie Carol, wird diese Methode sehr zusagen. Sie ist vor allem bei Geburten recht erfolgreich.

Überhaupt scheinen sich bestimmte Techniken sehr gut für spezielle Probleme zu eignen. Auf dieses Thema werden wir im nächsten Kapitel genauer eingehen.

10 Spezielle Problembereiche

Die Vorzüge der Einfachheit

Carols Schmerzreduktionsmethoden funktionierten die meiste Zeit recht gut. Viele Leser fühlen sich vielleicht unfähig, ähnlich komplexe Phantasien zu entwickeln oder haben einfach eine Abneigung dagegen. Hierbei handelt es sich um eine recht vernünftige Ansicht und eine gewisse Einfachheit hat viele Vorzüge. Wenn wir an unsere Probleme herangehen, denken wir schnell übermäßig kompliziert. Oft ist ein relativ einfacher Ansatz viel wirksamer und praktikabler.

Betrachten wir einmal das Thema *Schmerzreduktion,* über das wir im letzten Kapitel ausführlich gesprochen haben. Wenn Sie einen *dumpfen Schmerz* verspüren, stellen Sie sich einfach vor, Sie würden eine Wärmflasche auf die schmerzende Stelle halten. Bestimmte Schmerzen reagieren besser auf Kälte als auf Wärme, so daß in manchen Fällen ein Eisbeutel bessere Dienste tut.

Durchdringende Schmerzen können Sie in eine andere Empfindung umwandeln – zum Beispiel in Vibrationen. Vielleicht stellen Sie sich die Beschwerden als einen starren Eisblock vor, der langsam schmilzt und sich auflöst – ein Bild, das sich sehr gut für großflächigen Schmerz eignet. Wärme kann Ihnen in dieser Situation ebenso gut helfen und Sie können sich vorstellen, Sie lägen in einem warmen Entspannungsbad.

Wenn der *Schmerz stechend* ist, sollten Sie sich die betroffene Stelle weich und nachgiebig wie ein Federkissen vorstellen, das die Stiche absorbiert, ohne daß Sie sie wahrnehmen. Brennende Schmerzen behandeln Sie mit einer kühlen und angenehmen Heilflüssigkeit. All diese Dinge sind leicht vorstellbar, da es sich um alltägliche und bekannte Objekte handelt.

Um mit *Rückenschmerzen* umzugehen, möchten Sie sich vielleicht eine angenehm und sanft wärmende Glühbirne vorstellen, die zuerst unter, dann über und zuletzt direkt auf die schmerzende Stelle gehalten wird. Diese Glühbirne kann zur Schmerzlinderung über die ganze Wirbelsäule hinweg verwendet werden. Bewegen Sie sie langsam und lassen Sie die Wärme tief und ganz entspannt in die schmerzenden Stellen eindringen.

Wenn *Übelkeit* Ihr Problem ist, stellen Sie sich vor, daß Sie kühle Luft in den oberen Teil Ihres Körpers einatmen. Beim Ausatmen lassen Sie die Luft durch ein kleines Loch im Rücken ausströmen oder durch die große Zehe, wobei sich auch der untere Teil Ihres Körpers entspannt.

Entspannung läßt sich am besten während des Ausatmens herbeiführen und die meisten Leiden bessern sich, wenn unsere Anspannung nachläßt. Aus diesem Grunde ist es oft sehr nützlich, Phantasien mit der Atmung zu verbinden – ein Zusammenhang, den Jencks in ihrem Buch „Respiration for Relaxation, Invigoration and Special Accomplishments" immer wieder betont. Im Falle von *Arthritis* empfiehlt Jencks, die Schmerzen zu lindern, indem man sich beim Ausatmen eine warme Dusche über Kopf und Schultern oder eine warme Decke über den Knien vorstellt. Wenn man eine warme Hand über die betroffene Stelle hält, kann die Wirksamkeit dieser Methode noch verstärkt werden. Ebenso lassen sich gute Erfolge erzielen, wenn man das schmerzende Gelenk bei jedem Atemzug lockert und sich vorstellt, es würde geschmeidig und warm.

Wenn wir ausatmen, können wir uns eher entspannen und werden manchmal auch beweglicher und gelenkiger. Arthritispatienten möchten sich beim Ausatmen vielleicht vorstellen, daß ihre Hüft-, Knie- und Fußgelenke zu elastischem Gummi werden. Eine andere Methode zur Lockerung ist, sich einen Tropfen Öl zwischen den Gelenken vorzustellen und sich dann beim Ausatmen entweder tatsächlich oder auch nur in der Vorstellung zu bewegen. Hierbei kann man spüren, wie sich das Öl verteilt und die Bewegungen erleichtert.

Sie können sich auch Calciumablagerungen zwischen den Knochen vorstellen. Diese Ablagerungen werden bei jeder Bewegung von einer Flüssigkeit überzogen, die die Reibung und den Schmerz verringert. Arthritispatienten sind nicht die einzigen, die von solchen Bildern profitieren können. Athleten, deren Muskeln sich nach dem Sport steif anfühlen, finden diese Vorstellungen ebenso hilfreich wie Schreibkräfte nach langen und harten Arbeitstagen.

Ähnliche Vorgehensweisen, die einfache Bilder mit der Atmung in Zusammenhang bringen, können auch bei *Augenschmerzen* helfen.

Schließen Sie die Augen. Wie fühlen sie sich an? Angespannt, trocken oder brennend? Bewegen sie sich? Stellen Sie sich vor, wie die Augenhöhlen die Augäpfel umgeben. Fühlen sich Ihre Augen darin angenehm und entspannt an? Ihre Antworten auf diese Fragen zeigen Ihnen, welche Hilfe Sie nötig haben. Wenn Sie Spannung wahrnehmen, stellen Sie sich vor, wie sich die Augen beim Ausatmen entspannen. Bei jedem Ausatmen werden Sie lockerer und Sie stellen sich angenehme Schwere in den Augenlidern vor.

Sollte *Trockenheit* das Problem sein, lassen Sie Ihre Augäpfel in einem warmen Bad schwimmen, wobei die Flüssigkeit sie sanft umspielt. Wenn Sie die Bewegungen Ihrer Augen stören, stellen Sie sich vor, wie Sie bei jedem Ausatmen mehr und mehr nachlassen. Denken Sie hierbei an Ruhe und Unbeweglichkeit. Brennende Augen lassen Sie in kühlem, heilendem Wasser schwimmen.

Vorstellungen von *Wärme oder Kälte* lassen sich bei vielen Beschwerden anwenden. Wenn Ihre Nase läuft, denken Sie an kühle, trockene Luft, die Sie einatmen. Wenn die Nase verstopft oder trocken ist, sollte die Luft warm und feucht sein. Obwohl das Konzept sehr einfach ist, zeigen sich oft erstaunliche Erfolge.

Linderung der Beschwerden bei Tinnitus

Es ist recht unangenehm, ein ständiges Klingeln in den Ohren wahrzunehmen. Gloria Anthony machte diese Erfahrung sehr häufig. In der Schule, wo sie als Lehrerin arbeitete, wie auch zu Hause nahm sie ein klingelndes Geräusch in ihren Ohren wahr. Als sie mit ihrem Problem zu mir kam, war sie sehr verwirrt.

Wir begannen mit einem Entspannungstraining. Nach einigen Anfangsschwierigkeiten – Gloria war der Meinung, sie könne sich nicht entspannen – gelang es ihr jedoch recht gut. Viele Menschen denken wie Gloria. Sie sind in vieler Hinsicht der Meinung, sie „könnten nicht". Wenn sie sich dies selbst oft genug sagen, glauben sie logischerweise bald daran. Wenn man die Worte „ich kann nicht ... " durch „ich will nicht" ersetzt, zeigen sich oft interessante Veränderungen. So auch bei Gloria: im entspannten Zustand ging sie auf das Klingeln ein und verband es mit einem imaginären Kontrollknopf. Mit Hilfe dieses Knopfes konnte sie die Lautstärke regulieren und somit das Geräusch kontrollieren, anstatt ihm die Kontrolle über ihre Person zu überlassen.

Gloria verband den Klang auch mit dem Genuß der Entspannung. Immer wenn sie das Klingeln hörte, verwendete sie es als Hinweis auf das angenehme Gefühl und machte die Erfahrung, willentlich Kontrolle ausüben zu können.

Die Bedeutung des Geräusches veränderte sich noch weiter, als sie dessen Wert als frühes Warnsignal für Beschwerden erkannte. Wenn sich alles in ihr auftürmte oder wenn sie Bedrohungen oder Anforderungen von außen erkannte, hörte sie das Klingeln. Im entspannten Zustand vernahm sie es nicht. Diesen Zusammenhang hatte sie vorher noch nicht erkannt, nachdem es jedoch geschehen war, wurde das Geräusch zu einer willkommenen Mahnung, langsamer zu arbeiten, sich zu entspannen und die Sorgen abzuschalten. Sobald sie dies tat, verschwand auch das Klingeln.

Nachdem Gloria die Bedeutung des Geräusches verändert hatte, begann sie, es positiv und nicht mehr negativ zu bewerten. Anstatt sich an den Kontrollknopf zu halten und die Lautstärke zu regulieren, verband sie es nun mit ihrem Streßniveau. Immer wenn sie ihr Frühwarnsignal hörte, senkte sie ihr Erregungsniveau und reduzierte den Streß sowohl mit Hilfe des Kontrollknopfes wie auch durch andere beruhigende Vorstellungstechniken.

Umgang mit Kopfschmerzen und Migräne

Das Bild des Kontrollknopfes kann auch bei der Linderung von Kopfschmerzen verwendet werden. Sie können auch einfach in Ihren Kopf hineingehen und sich die Schmerzen genau anschauen. Stellen Sie sich vor, Sie würden Wasser darauf gießen. Wenn dies nicht funktioniert, verwenden Sie eine bestimmte Chemikalie. Vielleicht können Sie Ihren Kopf als großen Eiswürfel betrachten. Wenn das Eis schmilzt, vergeht auch der Schmerz. Er verschwindet allmählich, während sich das Eis zu Wasser verwandelt. Vielleicht möchten Sie auch gerne den schwarzen Samtvorhang verwenden, den ich im zweiten Kapitel erwähnt habe. Sie sehen diesen flauschigen Vorhang vor Ihrem geistigen Auge. Während Sie ihn betrachten, schmelzen alle Beschwerden, alle Spannungen und aller Streß einfach mühelos und friedlich dahin, und Sie können es sich gemütlich machen. Wenn alle Mittel fehlschlagen – was überaus selten passiert – müssen Sie vielleicht einen Graben um Ihre Kopfschmerzen herum bauen, damit Sie sich wenigstens nicht ausbreiten.

Statt der bisher beschriebenen einfachen Bilder möchten Sie vielleicht lieber *kompliziertere Phantasien* verwenden.

Alex Masters stellt sich vor, er wäre ein Delphin, der träge direkt unter der Meersoberfläche dahinschwimmt. Er fühlt das warme Wasser auf seinem Rücken und das kältere unter ihm. Wenn er zum Grunde des Meeres hinabtaucht, spürt er die zunehmende Kälte und den ansteigenden Druck. Er paßt sich ganz mühelos an diese neuen Bedingungen an, während seine Kopfschmerzen in den kühlen und beruhigenden Strömungen, die er durchschwimmt, verschwinden. Alex taucht immer weiter nach unten, durch Wälder von Wasserpflanzen und tiefe Korallenschluchten, bis er den Grund des Meeres erreicht. Diesen erforscht er genau und genießt die kühle Frische und Stille der Tiefe. Auf seinem langsamen Weg zurück an die Oberfläche erfreut er sich an seiner Beschwerdefreiheit.

Phantasien, bei denen es um einen kühlen Kopf geht, eignen sich sehr gut für Migränepatienten, besonders, wenn sie mit der Erwärmung der rechten Hand in Zusammenhang gebracht werden. Man kann sich vorstellen, die Hand würde an einem Feuer oder von einem Heizkörper aufgewärmt. Auch heißes Wasser oder wärmende Sonnenstrahlen leisten hier gute Dienste. Verbinden Sie nun diesen Temperaturanstieg mit einer Kühlung der Stirn. Dieses Gefühl von Kühle läßt sich oft schwieriger herbeiführen als die Erwärmung der Hand, und obwohl es das „Abschalten" der Migräne vereinfacht, ist es glücklicherweise nicht unbedingt notwendig.

Physiologisch gesehen zieht solch eine Vorstellung das Blut aus dem Kopf in Ihre Hand. Wenn Sie sich in der Nähe eines Waschbeckens befinden, ist es am einfachsten, die Hand in heißes Wasser einzutauchen und sich ein kaltes Handtuch an die Stirn zu halten. Sollte jedoch kein Wasser zur Verfügung stehen, kann Ihre Phantasie einen sehr wirksamen Ersatz darstellen. Wenn Sie wollen, können Sie die Bilder auch komplexer gestalten. Stellen Sie sich vor, wie Ihr Kopf langsam durchsichtig wird und wie Sie durch die Haut und die Knochen Ihr Gehirn sehen können. Auf seiner Oberfläche nehmen Sie die Blutgefäße wahr, die den Kreislauf aufrechterhalten und Nährstoffe transportieren.

Der weitere Verlauf Ihrer Vorstellungen hängt von Ihrer Erfahrung mit der Migräne ab. Wenn sich bisher durch die Verwendung eines Eisbeutels Besserung eingestellt hat, stellen Sie sich vor, wie sich die Blutgefäße verengen und der Blutdurchfluß reduziert wird. Wenn sich eine Wärmflasche als geeigneter erwiesen hat, stellen Sie sich eine Erweiterung der Blutgefäße vor. Anschließend lassen Sie die Adern langsam wieder die normale Größe annehmen, behalten aber das angenehme Gefühl von Wärme oder Kühle bei.

Für solche Vorstellungen kann es nützlich sein, auf ein medizinisches Fachbuch zurückzugreifen, worin sich eine bildhafte Darstellung des Gehirns und seiner Blutgefäße befindet. Es ist auch empfehlenswert, bei den allerersten Anzeichen der Migräne sofort zu handeln. Obwohl es in vielen Fällen relativ einfach ist, eine Migräne „abzuschalten", bevor der Anfall eingesetzt hat, ist es ungleich schwieriger, das Befinden zu beeinflussen, sobald der Anfall begonnen hat.

Wenn Sie an Migräne leiden, sollten Sie sich und ihre Gewohnheiten einmal einer genauen Betrachtung unterziehen. Viele Migränepatienten haben einen starken Hang zum Perfektionismus und entwickeln Schuldgefühle im Zusammenhang mit Untätigkeit und Unzulänglichkeit. Das Positive daran ist, daß diese Menschen sich an den höchsten Maßstäßen orientieren. Wenn Perfektion zum Ziel allen Handelns geworden ist, kommt es jedoch unglücklicherweise immer wieder zu Fehlschlägen, weil Menschen einfach nicht perfekt sind. Dies ist der negative Aspekt – das Schuldgefühl in Anbetracht des Versagens bei der Erreichung unglaublich hochgesteckter Ziele.

Überdies halten sich Migränepatienten häufig sklavisch an die Uhrzeit. Dies zeigt sich daran, daß Migräneanfälle häufig in Entspannungsperioden entstehen – in der Nacht, an Wochenenden und in den Ferien. Die Betroffenen treiben sich selbst zu Höchstleistungen an und verwandeln Hobbies und Freizeitaktivitäten häufig in harte Arbeit. Sie bauen ein hohes Spannungsniveau auf und die Migräne bricht über Sie herein, wenn Sie bei ihren hektischen Aktivitäten eine Pause einlegen. Obwohl nicht alle Menschen, die an Migräne leiden, diese Persönlichkeitsmerkmale aufweisen, ist es doch bei vielen der Fall. Wenn Sie sich in der Beschreibung selbst wiedererkennen, wäre es ratsam, wenn Sie Ihr eigenes Glaubens- und Wertesystem einmal gründlich hinterfragen würden. Ist die Migräne nicht ein zu hoher Preis für ihre Versuche, perfekt zu sein?

Es existieren natürlich verschiedene Arten der Perfektion. Während der Migränepatient oft danach strebt, nahezu alles perfekt zu tun, richten andere ihre Bemühungen auf körperliche Vollkommenheit. Kosmetische Chirurgie, Body Building, Diäten und Fitnesstraining sind verschiedene Möglichkeiten, dieses Ziel zu erreichen. Auch Vorstellungen können sehr hilfreich sein.

Gewichtsreduktion ist in diesem Zusammenhang wohl das beste Beispiel.

Sie können zum Beispiel abnehmen, indem Sie sich in ihren Vorstellungen so sehen, wie Sie gerne aussähen. Wenn Sie dies in Momenten der Entspannung tun, besonders abends, bevor Sie einschlafen, haben Sie eine gute Chance, Ihr Unbewußtes davon zu überzeugen, daß Sie tatsächlich so aussehen. Stellen Sie sich vor, wie Sie das unerwünschte Gewicht von Ihrem Körper ablegen, es einfach in den Mülleimer werfen oder es im Feuer zu nichts verbrennen. Dann stellen Sie sich auf die Waage und stellen fest, daß Ihr Gewicht ihren Wünschen vollkommen entspricht.

In Momenten der Entspannung sollten Sie sich so vor Augen haben und sich verschiedene Bilder durch den Kopf gehen lassen. Jedesmal, wenn Sie die Versuchung verspüren, übermäßig zu essen, stellen Sie sich vor, Sie stünden auf der Waage oder Sie sähen Ihr Wunschgewicht in leuchtender Neonschrift vor Ihrem geistigen Auge. Um die Phantasie anzuregen, sollten Sie sich nach Photographien umschauen, die Sie mit Ihrem Wunschgewicht zeigen. Verteilen Sie sie im ganzen Haus, damit Sie sie oft zu Gesicht bekommen. Hängen Sie Kleider, die Ihnen gefallen, Ihnen momentan aber viel zu eng sind, im Schlafzimmer auf, wo Sie sie immer wieder sehen können. Stellen Sie sich vor, Sie würden diese Kleider tragen und so aussehen, wie Sie gerne wollen. Sehen Sie sich selbst beim Verspeisen kleiner Mahlzeiten, wie Sie einen Teil des Essens auf dem Teller zurücklassen und wie Sie zugunsten kalorienarmer, gesunder Mahlzeiten auf kalorienreiches, ungesundes Essen verzichten.

Stellen Sie sich vor, wie Sie ein besonderes Zimmer betreten, in dem es keine Nahrungsmittel gibt. Immer wenn Sie Gefahr laufen, entweder zuviel oder zur falschen Zeit zu essen, können Sie sich an diesen Raum erinnern. Vielleicht möchten Sie auch wieder einen Kontrollknopf verwenden, der sich in einer Ecke des Zimmers befindet. Wenn Sie ihn einschalten, verspüren Sie Hunger, wenn Sie ihn abschalten, wird jegliches Hungergefühl gestoppt. An der Türe des Raumes können Sie eine Skala anbringen, mit der Sie Ihr Idealgewicht einstellen können. Im Inneren des Raumes befinden sich vielleicht Beleuchtungskörper, die die Mitte des Zimmers in warmes Licht tauchen. Wenn Sie in diesem warmen Lichtschein stehen, können Sie sehen und fühlen, wie Ihrem Körper Gewicht entzogen wird.

Versetzen Sie sich in die Zukunft und stellen Sie sich Ihren Körper in drei Monaten vor, wenn Sie abgenommen haben und viel besser aussehen. Sie tragen die Kleider, die Sie tragen möchten, Sie treiben mehr Sport, weil Sie es genießen, und Sie sind stolz auf sich – darauf, daß Sie Ihr Gewicht besser unter Kontrolle haben.

Logischerweise können Sie dieselbe Methode verwenden, um Gewicht zuzunehmen. Genauso wie Sie sich vorstellen können, schlanker zu werden und an bestimmten Körperteilen mehr Gewicht zu verlieren als an anderen, können Sie in Ihrer Phantasie auch am ganzen Körper oder an einigen Stellen Gewicht zulegen. Einige Untersuchungen aus den späten 70er Jahren lassen vermuten, daß sich mit Hilfe der Phantasie eine Vergrößerung der weiblichen Brust erreichen läßt.

Ein wichtiger Bestandteil dieses Ansatzes ist die *Technik der Zeitverzerrung,* die im fünften Kapitel näher beschrieben wurde. Wenn Sie diese Methode verwenden wollen, induzieren Sie einen Trancezustand und kehren Sie zurück zu der Zeit, als Sie zwischen 10 und 12 Jahre alt waren. Legen Sie die Hände auf ihre Brüste und stellen Sie sich vor, Sie würden Anzeichen für Wachstum bemerken. Die Brüste schwellen an, die Haut spannt sich und wird empfindlicher. Sie empfinden, daß Ihre Hände leicht nach oben gedrückt werden, während die Brüste mehr und mehr wachsen.

Auch eine *Altersprogression* läßt sich mühelos durchführen. Stellen Sie sich vor, es wäre zwei oder drei Jahre später und Sie stünden nach einem Duschbad nackt vor dem Badezimmerspiegel. Sie betrachten sich ganz genau und erfreuen sich an dem Anblick Ihrer größeren und attraktiveren Brüste.

Die Wirkung dieser Methode läßt sich durch die bildhafte Vorstellung (oder die tatsächliche Verwendung) eines warmen, feuchten Handtuches, das Sie auf ihre Brüste legen, noch verstärken. Wenn Sie Schwierigkeiten dabei haben, das Wärmegefühl herbeizuführen, stellen Sie sich zusätzlich eine Infrarotlampe vor, die auf das warme Handtuch scheint. Sobald Sie die Wärme empfinden, konzentrieren Sie sich auf ein Pulsieren in den Brüsten. Nehmen Sie Ihren Herzschlag wahr und lassen Sie ihn in Ihre Brüste strömen. Tagsüber können Sie durch diese Vorstellung ein spontanes Gefühl von Wärme und Pulsieren erzeugen. Ständige Übung ist unerläßlich, wenn Sie wirkliche Veränderungen herbeiführen wollen.

Kontrolle der Atmung und des Kreislaufs

Auch bei Asthma kann sich eine *Altersregression* als hilfreich erweisen. Versetzen Sie sich in die Zeit zurück, in der Sie Ihren ersten Asthmaanfall hatten. Auf diese Weise läßt sich das auslösende Moment identifizieren. Als Erwachsener können Sie dieses Ereignis aus einer anderen Perspektive betrachten. Obwohl ein solcher Anfall für Kinder ein sehr erschreckendes und aufregendes Erlebnis sein kann, braucht dies im Erwachsenenalter nicht mehr der Fall zu sein. Deshalb können Sie sich nun von allen Ängsten und Anspannungen lösen, die mit den Atemschwierigkeiten zusammenhängen. Sie können es ganz natürlich und automatisch geschehen lassen. Vielleicht möchten Sie sich die kritische frühere Situation noch einmal ins Gedächtnis zurückrufen, wobei Sie die angst- und spannungsprovozierenden Elemente weglassen und Sie zu einem anderen positiven Ergebnis kommen. Stellen Sie sich die so veränderte Szene einige Male vor.

Die meisten vorstellungsorientierten Ansätze für Asthmapatienten enthalten Bilder, die zunächst die verengten Luftwege während eines Anfalls zeigen. Diese Luftwege weiten sich nun allmählich aus, während die Brust sich entspannt und die Atmung sich verlangsamt. Auch *Farben* lassen sich verwenden. Welche Farbe hat ihre Lunge heute? Welche Farbe hat die Luft? Wenn die Lungen zum Beispiel blau sind und die Luft gelb gefärbt ist, stellen Sie sich vor, Sie atmen tief ein. Sie können sehen, wie die gelbe Luft bis in die tiefsten Tiefen Ihrer Lunge dringt. Zu diesem Zeitpunkt sehen Sie nur die Farbe gelb. Dann atmen Sie aus und sehen, wie die gelbe Luft ausströmt und ihre Lunge von unten nach oben wieder ganz blau wird.

Es kann sehr nützlich sein, an eine Situation zu denken, in der Sie sich sehr wohl fühlen. Asthmapatienten stellen sich häufig Berge vor. Hier atmen sie klare und reine Luft, die ihnen Vitalität und Lebensfreude verleiht. Sollten Sie merken, daß ein Anfall bevorsteht, konzentrieren Sie sich auf eine solche Situation und denken Sie vielleicht an den Geruch von Nadelbäumen beim Einatmen der kühlen Bergluft.

So wie Sie ihre Atmung kontrollieren können, läßt sich auch Ihr *Kreislauf* beeinflussen. Dies wurde schon bei der Migränebehandlung deutlich, als Sie ihre Hand anwärmten und stärker durchbluteten. Auch häufiges *Erröten* – ein anscheinend unwillkürlicher Prozeß, der zu peinlichen Situationen führen kann – läßt sich auf diese Weise überwinden. Stellen Sie sich vor, Sie stünden unter einer Dusche und Ihnen würde recht heiß. Nach einigen Minuten liegen Sie dann in einer Wanne mit kühlem Wasser und über Ihr Gesicht ist ein angenehm kühles Tuch ausgebreitet.

Wechseln Sie zwischen der heißen Dusche und dem kühlen Bad, bis Sie das Gefühl haben, Sie haben ihre Hauttemperatur unter Kontrolle und können Sie beim entsprechenden Bild erhöhen oder verringern. Verwenden Sie auch andere Bilder von Wärme, sei es eine Sauna oder ein Sonnenbad, und von Kälte, zum Beispiel ein Kühlhaus oder einen Swimmingpool. Wenn Sie dieses Maß an Kontrolle erreicht haben, können Sie sich immer, wenn Sie zu erröten glauben, angenehme Kühle vorstellen. Dies wird normalerweise das Problem lösen. Genauso können Sie sich Hitze vorstellen, wann immer Sie unangenehm frösteln.

Auch der *Blutdruck* läßt sich durch die Phantasie beeinflussen. Stellen Sie sich vor, daß die Blutgefäße in ihrem Körper zu einer Pumpe führen, die Ihr Herz darstellt. Die Adern, die Sie zuerst sehen, sind ausgesprochen eng. Die Pumpe arbeitet ungewöhnlich schwer, um das Blut zirkulieren zu lassen, und das Manometer zeigt Werte im roten Bereich an. Sie konzentrieren sich darauf, die verengten Blutgefäße zu entspannen. Sie sehen, wie sie sich sofort öffnen. Ihr Umfang nimmt deutlich zu, das Blut fließt leichter durch sie hindurch, und das Manometer fällt bis in den sicheren grünen Bereich.

So wie wir Kontrolle über unseren Kreislauf und den Blutdruck ausüben können, sind auch *Blutungen* steuerbar. Hierbei kann man sich vorstellen, daß das Blut aus einer Wunde fließt wie Wasser aus dem Wasserhahn. Sie können den Hahn abdrehen. Oder stellen Sie sich vor, Sie würden die Wunde zunähen, damit sie nicht mehr blutet. Man kann sogar noch weiter gehen und die betroffenen Blutgefäße tatsächlich so verengen, daß die Blutung verringert wird. Die Vorstellung von Kälte kann hierbei ebenso hilfreich sein wie im Zusammenhang mit Hautproblemen.

Hautprobleme

In vielen Fällen – besonders bei starkem Juckreiz auf der Haut – hat Patienten die Vorstellung geholfen, in Wasser eingetaucht zu sein.

Stellen Sie sich vor, Sie stünden an einem See. Sie atmen tief ein, füllen ihre Lungen mit frischer Luft und spüren, wie die warme Sonne auf Ihr Gesicht scheint. Hören Sie auf das Rauschen des Windes in den nahen Bäumen. Gehen Sie dann ins Wasser und genießen Sie die Kühle, die Sie zunächst an ihren Fußknöcheln und Beinen verspüren und dann am ganzen Körper, wenn Sie ins Wasser eintauchen. Das kühle Wasser beruhigt ihre Haut, umschmeichelt und heilt sie. Alle Reizungen und Entzündungen verschwinden.

Sie können Ihre Haut auch beruhigen und reinigen, indem Sie eine im Licht glänzende und heilende Flüssigkeit darauf sprühen oder indem Sie sich vorstellen, daß Sie von einer Schicht Baumwolle umgeben sind, die als Schutz dient.

Von allen Hautproblemen eignen sich *Warzen* vielleicht am besten für eine Behandlung unter Zuhilfenahme der Phantasie. In den meisten Fällen haben sich Bilder zur Kontrolle der Blutzufuhr als sehr gut erwiesen.

Rob Garrett, der Sohn eines Kollegen, stellt sich eine Pumpe mit einem Ein- und Ausschalter vor, die über Schläuche mit der Warze verbunden ist. Wenn der Schalter auf „Aus“ steht, unterbindet die Pumpe die Blutzufuhr zu der Warze, die sich schließlich bräunlich verfärbt, schrumpft und abfällt.

Auf diese Art und Weise ist Rob eine ganze Reihe von Warzen losgeworden. Bei besonders hartnäckigen verwendet er eine bestimmte Tinktur, die er auf die betroffene Stelle tupft. Er verstärkt die Wirkung dieses Mittels, indem er sich vorstellt, wie es die Warze durchdringt und Zellen im Inneren zerstört, so daß sie vertrocknet und abfällt.

Der Gebrauch der Phantasie zur Unterstützung konventioneller Behandlungsformen kann sehr gute Erfolge bringen. Dies gilt nicht nur im Hinblick auf eine Beschleunigung der Heilung – es stellt sich auch das Gefühl ein, in Anbetracht eines Problems positive Schritte unternehmen zu können.

Bettnässen und die Phantasie

Wenn man fähig ist, aktiv am Heilungsprozeß teilzunehmen, wird das Selbstbewußtsein gestärkt. Rob zum Beispiel geht die Behandlung seiner Warzen so souverän an, weil er früher gute Erfolge bei der Therapie des Bettnässens erzielte. Er verwendete die Technik der geteilten Leinwand, wie sie in Kapitel 8 beschrieben wurde.

Auf der rechten Seite der Leinwand sah er sich selbst, wie er am Morgen im nassen Bett erwachte. Nachdem er dieses Bild auslöschte, beobachtete er sich auf dem mittleren Segment bei der Einnahme eines homöopathischen Mittels namens „Equisetum". Schließlich ließ er auch dieses Bild verschwinden und sah sich auf der linken Seite im trockenen Bett aufwachen.

Rob verwendete auch das Bild eines Dammes mit Schleusentoren, die das Wasser zurückhalten. Wenn diese Schleusen offen waren, konnte Wasser durch den Damm fließen, wenn sie jedoch geschlossen waren, war dies unmöglich. Rob verfügte über ein kompliziertes, computerunterstütztes Armaturenbrett, um die Schleusentore zu bedienen. Unmittelbar vor dem Zubettgehen sorgte er dafür, daß sie geschlossen waren. Wenn er am Morgen erwachte, öffnete er sie wieder. Auf diese Weise bekämpfte er sein Bettnässen und konnte es genießen, die ganze Nacht durchzuschlafen – ein nicht nur von Bettnässern herbeigesehntes Ergebnis.

Schlaf

Ihre Phantasie kann viel zu der Überwindung von Schlaflosigkeit beitragen.

Konzentrieren Sie sich auf eine vollkommen leere Dunkelheit. Nach einer gewissen Zeit werden Sie eine schwarze Scheibe wahrnehmen, die vor dem schwarzen Hintergrund entsteht. Richten Sie Ihr geistiges Auge auf diese Scheibe, bis Sie einschlafen. Sie können auch die bereits in einem früheren Kapitel erwähnte Tafel verwenden. Stellen Sie sich vor, Sie stünden mit einem Stück Kreide und einem Schwamm davor. Zeichnen Sie einen Kreis und schreiben Sie die Zahl 100 hinein. Wischen Sie diese Zahl mit einer kreisenden Bewegung des Schwammes langsam aus. Sobald dies geschehen ist, schreiben Sie die Worte „tiefer Schlaf" neben den Kreis und die Zahl 99 hinein. Wischen Sie nun die 99 aus und ziehen Sie die Buchstaben der Worte „tiefer Schlaf" noch einmal nach. Geben Sie dabei acht, daß keine doppelten Linien entstehen. Fahren Sie so fort und schreiben Sie immer kleinere Zahlen in den Kreis, bis Sie einschlafen. Sollten Sie in der Nacht erwachen, machen Sie einfach da weiter, wo Sie aufgehört haben oder beginnen von neuem.

Vielleicht möchten Sie auch gerne den Punkt spüren, an dem Ihr Hinterkopf den stärksten Kontakt mit ihrem Kopfkissen hat. Nachdem Sie dies 20 oder 30 Sekunden getan haben, stellen Sie sich vor, Sie würden etwas anschauen, das sehr weit von Ihnen entfernt ist. Tun Sie dies ebenfalls 20 oder 30 Sekunden lang und stellen Sie sich dann vor, daß eine leichte Brise über ihre rechte Wange streicht. Nach einer halben Minute werden Sie sich bewußt, wie nahe jeder Atemzug der Rückseite Ihrer Augen kommt. Nach weiteren 20 bis 30 Sekunden fühlen Sie, wie Ihre Beine schwerer werden. Zu diesem Zeitpunkt sind Sie möglicherweise schon eingeschlafen, falls dies jedoch nicht der Fall ist, gehen Sie erneut alle fünf Konzentrationspunkte durch.

Sie können auch Geräusche verwenden. Werden Sie sich der entferntesten Geräusche bewußt, die Sie wahrnehmen. Suchen Sie sie, folgen Sie ihnen für einige Sekunden und richten Sie Ihre Konzentration der Reihe nach auf die verschiedenen Geräusche, ohne zu versuchen, die Ursachen zu ergründen. Konzentrieren Sie sich dann allmählich auf nähere Geräusche. Werden Sie sich mehr und mehr des Raumes gewahr, in dem Sie sich befinden, und stellen Sie sich mit geschlossenen Augen bildhaft die vier Wände, die Decke, den Boden und ihren Körper vor, wie er ganz ruhig und entspannt im Bett liegt. Fühlen Sie die Körperstellen, an denen Sie auf dem Bett aufliegen, und lassen Sie sich mit Ihrem Atem treiben.

Fahren Sie auf diese Weise fort. Verlassen Sie Ihren Körper und setzen Sie sich auf einen bequemen Stuhl neben dem Bett. Stellen Sie fest, wie Ihr anderes Selbst im Bett langsamer, tiefer und rhythmischer atmet. Betrachten Sie das langsame rhythmische Heben und Senken des Brustkorbs und den ruhigen und entspannten Gesichtsausdruck. Während Sie weiter auf dieses Bild von sich selbst schauen, werden Sie immer entspannter und schläfrig. Sie sehen sich in dem Bett mühelos einschlafen, stehen auf, kehren wieder in Ihren Körper zurück und werden eins mit Ihrem wahren Selbst.

Vielleicht möchten Sie auch die Landschaft einer tropischen Insel genießen. Sie stehen neben einem Teich im Urwald, der von einem Wasserfall gespeist wird. Das Wasser ist klar, einladend und warm. Sie steigen hinein. Fühlen Sie die Wärme durch Ihren Körper strömen, während Sie immer tiefer ins Wasser waten. Zunächst spüren Sie sie in den Füßen, den Waden und Schenkeln, und schließlich – wenn Sie vollkommen eintauchen – in Ihrem ganzen Körper, in den Armen und am Hals. Schwimmen Sie zum Wasserfall.

Dort finden Sie einen flachen Felsen, auf den Sie sich stellen können. Sie fühlen, wie sich das warme Wasser des Wasserfalles über Ihren Körper ergießt, ihn massiert und umschmeichelt. Alle Sorgen, Spannungen und Probleme werden weggespült und Sie fühlen sich sehr glücklich.

Genießen Sie dieses Gefühl. Jeder Muskel, jeder Nerv und jede Faser Ihres Körpers ist ruhig und entspannt. Treten Sie nun aus dem Wasserfall hervor und strecken Sie sich auf dem glatten, von der Sonne gewärmten Felsen aus. Die frische Luft und der Sonnenschein, der warme Felsen unter Ihnen und die entfernten Geräusche des Urwalds schaffen eine so friedliche und angenehme Atmosphäre, daß Sie sich behaglich und schläfrig fühlen. Schlafen Sie ein. Es ist gut, zu schlafen und die Schlaflosigkeit zu überwinden. Das Leben wird viel schöner, genauso wie wenn wir andere schlechte Gewohnheiten ablegen.

Gewohnheiten, die wir ablegen sollten

Rauchen ist eine Gewohnheit, die sich sehr wahrscheinlich negativ auf unser Leben auswirkt – sie bringt uns sogar um. Auch wenn sie uns leben läßt, verschlechtert sich doch zumindest unser allgemeiner Gesundheitszustand. Vielleicht können Sie ja ihren Rauchgenuß in eine starke Abneigung verwandeln. Singer und Switzer erwähnen in ihrem Buch „Mind Play" die folgende Phantasie, die Ihnen dabei helfen kann.

Phantasien zur Raucherentwöhnung (nach Singer & Switzer, 1980)

* Stellen Sie sich vor, wie Zigarettenrauch in Ihre Lungen eingesogen wird und sie zerstört, bis sie eine Masse aus rohem Fleisch, schwarzem Eiter und totem Gewebe sind.
* Stellen Sie sich Ihre Zigarette als dreckiges kleines Stöckchen vor, das Sie auf der Straße aufgelesen haben. Würmer und Schleim haften daran, so daß Sie sich übergeben müssen, wenn Sie es in den Mund nehmen.
* Sie befinden sich in einem heißen, stickigen Zimmer, das mit dicken, ätzenden Rauchschwaden angefüllt ist. Das Atmen fällt Ihnen schwer und Sie schnappen nach Luft. Sie versuchen vergeblich, das Fenster oder die Türe zu öffnen. Sie sind gefangen und müssen in dem Zimmer bleiben und den schädlichen Rauch einatmen, bis sich alles in Ihrem Kopf dreht und Ihnen schlecht ist.

Diese Art von aversiven Vorstellungen kann auch als Mittel gegen *Alkoholmißbrauch* verwendet werden. Stellen Sie sich so lebhaft und dramatisch wie möglich vor, jemand hätte in Ihr Bierglas erbrochen. Dieses Bier müssen Sie nun trinken und Sie schmecken das ekelhaft schleimige Erbrochene in Ihrem Mund.

Vielleicht halten Sie es für wirksamer, in dieser Phantasie nicht selbst die Hauptrolle zu spielen, sondern sich jemand anderen vorzustellen, den Sie widerwillig beobachten. Sie sehen jemanden, den Sie sehr sympathisch finden, nach einer Zigarette greifen. Als diese Person sie anzündet, fährt ihr ein starker Elektroschock durch den Körper und Sie sehen ihr schmerzverzerrtes Gesicht. Jedesmal wenn diese Person eine Zigarette berührt, sehen Sie, wie sie sich vor Schmerzen krümmt.

Diese aversive und unangenehme Phantasie kann nötig sein, um gefährliche Gewohnheiten auszumerzen, obwohl ich selbst die in den vorhergehenden Kapiteln beschriebenen positiveren Ansätze vorziehe. Welche Bilder wir auch immer verwenden, wir müssen darauf vertrauen können, daß wir die gewünschten Veränderungen mit Hilfe der Phantasie erreichen. Wir können unsere Vorstellung jedoch auch dazu benutzen, unser Selbstvertrauen im allgemeinen zu verstärken. Mit diesem Thema werden wir uns im nächsten Kapitel näher befassen.

11 Stärkung des Selbstvertrauens

Aufbau von Selbstvertrauen mit Hilfe der Pyramide

Der *Gebrauch von Symbolen* ist eine sehr gute Möglichkeit zur Stärkung des Selbstvertrauens. Eines dieser Symbole – der Baum – wurde bereits in Kapitel 2 beschrieben. Ein anderes ist die Pyramide, wie sie Gibbons in seinem Buch „Beyond Hypnosis" erwähnt. Ich bin der Meinung, daß sich diese Phantasie sehr gut zur Nutzbarmachung bisher verborgener Potentiale eignet.

Stellen Sie sich zunächst vor, Sie befänden sich im alten Ägypten und stünden vor dem höhlenähnlichen Eingang einer großen Pyramide, die vor Ihnen aufragt und deren Spitze von einem Sandsturm verhüllt wird. Vielleicht können Sie auch noch den Wind in den Ohren pfeifen hören und spüren, wie sich der umherwehende Sand wie Nadelstiche auf Ihren Wangen bemerkbar macht.

Sie betreten die Pyramide und kommen in einen Gang, der von Fackeln beleuchtet wird, die in regelmäßigen Abständen an der Wand befestigt sind. Sie gehen durch diesen Korridor und bemerken, daß er nach unten führt. Da Sie sich sicher fühlen, dringen Sie tiefer und tiefer in das Herz der Pyramide ein. Eigentlich dringen Sie aber tiefer in Ihr eigenes Selbst ein, während Sie den Weg weiter und weiter hinuntergehen.

Ganz am Ende dieses Ganges kommen Sie in einen großen Lagerraum, der mit Schätzen aller Art angefüllt ist. Dies ist die Lagerstätte aller Ihrer wichtigen aber ungenutzten Ressourcen. Hier liegen all die positiven Potentiale, die Sie noch nicht zu Ihrem Vorteil ausgenutzt haben. All das gehört Ihnen, weil es Ihnen widriger Umstände halber gestohlen wurde. Wenn Sie es aus diesem Lagerraum nicht wieder hervorholen, bleibt es unwiderruflich dort und ist für immer verloren.

Sie versuchen, etwas von diesem Schatz einzusammeln. Dies gelingt Ihnen aber nicht, weil irgendetwas Sie daran hindert. Plötzlich erblicken Sie einen bestimmten Edelstein, der schöner glänzt als alle anderen. Er ist in die Stirn einer großen abstoßenden Statue in der Mitte des Raumes eingebettet. Diese Statue, die alle Macht von dem Edelstein in der Stirn erhält, ist die Verkörperung alles Negativen, aller Fehlschläge und Niederlagen, die Sie je erlebt haben. Sie wurde als Hüterin des Schatzes in den Raum gestellt, die alle anderen Wächter überflüssig macht.

Um diesen großen Lagerraum von Potentialen für sich zu gewinnen und um alle Möglichkeiten voll auszuschöpfen, müssen Sie zunächst die durch die Statue symbolisierten negativen Tendenzen Ihrer Persönlichkeit überwinden, die danach streben, dies zu verhindern. An der Wand hängt ein mit Ornamenten verzierter Dolch, den Sie ergreifen. Sie springen auf die Statue zu und schlagen das Juwel mit einem heftigen Streich von ihrer Stirn. Als der Stein auf den Boden fällt, glänzt er nicht mehr und liegt dunkel und häßlich wie ein Stück Kohle vor Ihnen. Sie können ihn mit dem Fuß zu schwarzem Staub zertreten und die Statue umwerfen, so daß sie in tausend Stücke zerbricht, denn ihre Macht ist dahin.

Nun können Sie so viel wie möglich von dem Schatz aufsammeln und auf Ihrem Weg zurück zum Eingang der Pyramide mitnehmen. Als Sie wieder ins Freie gehen, stellen Sie fest, daß der Sandsturm vorbei ist. Der Himmel ist blau, die Sonne scheint und Sie können meilenweit in jede Himmelsrichtung schauen. Sie entfernen sich fröhlich von der Pyramide und wissen, daß sich die von Ihnen gehobenen Schätze von nun an in neuen Gewohnheiten, neuen Ideen und neuen Denkrichtungen äußern werden, die Ihr Leben bereichern. Jedesmal, wenn Sie zu der Pyramide zurückkehren, werden Sie mehr Schätze aus dem Lagerraum bergen können und der Raum wird nie ganz leer werden, ungeachtet der Tatsache, wie viele Dinge Sie ans Tageslicht bringen.

Diese Phantasie baut auf zwei Arten Selbstvertrauen auf. Erstens verhilft sie Ihnen zu dem Gefühl, daß Sie effektiver als je zuvor auf Ihre inneren Ressourcen und Stärken zurückgreifen können. Zweitens können Sie die Pyramide als Symbol des Selbstvertrauens verwenden. Wenn Sie daran zweifeln, etwas erreichen zu können, und sich selbst sagen „ich kann nicht“, stellen Sie sich die Pyramide vor. Hierbei spüren Sie, wie Sie ein Gefühl der Macht durchströmt – der Glaube an Sie selbst und an Ihre Fähigkeiten. Dieses Gefühl kann auch mit vielen anderen Bildern und Symbolen herbeigeführt werden.

Phantasien zum Aufbau von Selbstvertrauen

Stellen Sie sich vor, Sie befänden sich am Ufer eines Sees. Das Wasser ist unruhig und von Wind und Regen gepeitscht – eine düstere, deprimierende Szene. In der Ferne sehen Sie das andere Ufer. Dort ist es vollkommen hell, die Sonne scheint und entspannte Menschen arbeiten und spielen dort. Es ist das Ufer der Normalität und der Gesundheit.

Stellen Sie sich nun vor, Sie überqueren den See auf irgendeine Weise, die Ihnen Mühe bereitet. Sie könnten zum Beispiel schwimmen oder mit einem Ruderboot fahren. Vielleicht gibt es Hindernisse, die Ihr Fortkommen behindern, die Sie aber entweder überwinden oder um die Sie herumschwimmen. Wenn die Entfernung zu groß erscheint, nutzen Sie kleine Inseln in dem See aus, auf denen Sie eine Pause machen können. Wenn Sie das helle Ufer erreichen, bemerken Sie, daß Sie vollkommen davon überzeugt sind, Ihr Leben so leben zu können, wie Sie es wollen, und daß Sie effektiv und mühelos mit allen Schwierigkeiten umgehen können. Wie im Falle der Pyramide möchten Sie das helle Ufer vielleicht als Symbol für das Gefühl von Selbstvertrauen verwenden. Sollten Sie in Zukunft mit Problemen konfrontiert werden, erinnern Sie sich an das Symbol, und die hiermit assoziierten Empfindungen stellen sich wieder ein.

Nun zu einer ganz anderen Phantasie. Stellen Sie sich vor, Sie säßen in einem Wohnzimmer in der Ecke einer Couch. Nun betritt Ihr *„Idealselbst"* den Raum und setzt sich auf die andere Couchecke. Beschreiben Sie im Geiste das Aussehen und das Verhalten dieses „idealen Selbst". Sie stellen fest, daß Sie sich langsam auf der Couch bewegen und Ihrer Idealvorstellung immer näher kommen. Schließlich vermischen sich Ihre beiden Körper, bis tatsächlich nur noch eine Person übrigbleibt. Verhalten Sie sich nun so, als wären Sie und Ihr „Idealselbst" identisch und total fusioniert. Auch mit Hilfe dieser Phantasie läßt sich das Selbstvertrauen stärken.

Um dasselbe Ziel zu erreichen, können Sie sich auch vorstellen, Sie stünden auf dem Gipfel eines hohen, schneebedeckten Berges und würden ins Tal hinunterschauen. Dieses Tal am Fuße des Berges ist Ihr Ziel, bevor Sie es jedoch erreichen können, müssen Sie alle möglichen Barrieren und Hindernisse überwinden. Die Hindernisse symbolisieren die Dinge, die Sie im Leben von der Erreichung Ihrer Ziele abgehalten haben.

Bücken Sie sich, heben Sie eine Handvoll Schnee auf und untersuchen Sie ihn. Sie bemerken, wie weich und pulvrig er ist – so wie Ihr Selbstvertrauen, dem es an Kraft fehlt. Beobachten Sie sich dabei, wie Sie den Schnee in Ihrer Hand zusammendrücken und einen harten Schneeball daraus formen. Geben Sie noch mehr Schnee hinzu und machen Sie einen festen, harten, runden Ball.

Während Sie dies tun, fühlen Sie auch, wie Ihr Selbstvertrauen, Ihr Mut und ihre Entschlossenheit wachsen.

Gehen Sie hinüber zu einem Steilhang des Berges. Schicken Sie Ihren Schneeball auf die Reise ins Tal und lassen Sie ihn direkt auf die Hindernisse zurollen, die zwischen Ihnen und Ihrem Ziel liegen. Der Schneeball nimmt Tempo auf, mehr und mehr Schnee bleibt an ihm haften und er wird größer und größer. Bald ist er riesengroß und mächtig – eine regelrechte Lawine, die auf ihrem Weg ins Tal alles niederreißt.

Nun ist der Weg vor Ihnen frei und alle Hindernisse sind weggeräumt. Sie können ohne Probleme hinuntergehen und wissen genau, daß auf dem Weg ins Tal Ihr Selbstvertrauen, Ihr Mut und ihre Entschlossenheit stärker und stärker werden, wie auch der Schneeball an Größe und Kraft zugenommen hat. Auch Sie werden Hindernisse beiseiteschieben, Barrieren überwinden und die Ziele im Leben erreichen, die Sie sich gesteckt haben. Immer wenn Sie daran zweifeln, stellen Sie sich vor, wie der Schneeball noch mächtiger wird und alle Hindernisse niederwalzt und wie Ihr Selbstbewußtsein wächst.

Die Überwindung von Barrieren und Hindernissen ist ausgesprochen wichtig, wenn wir unsere Potentiale ganz ausschöpfen wollen. Der Schneeball ist eine sehr nützliche Phantasie bei der Erreichung dieses Zieles. Im nächsten Abschnitt werden wir uns anderen Bildern zuwenden.

Die Überwindung von Hindernissen

Liza Maddell hat gelernt, zur Überwindung von Hindernissen bestimmte Bilder zu verwenden. Auf diese Weise hat sie größeres Vertrauen in ihre Fähigkeit gewonnen, sich zuvor unerreichbaren Zielen anzunähern. Sie stellt sich zum Beispiel ein bestimmtes Hindernis als Mauer aus Ziegelsteinen vor. An der Basis dieser Mauer bringt sie Sprengladungen an. Nun geht sie in Deckung, zündet den Sprengstoff, und die Mauer wird zerrissen. Daraufhin kann sie das nun nicht mehr existierende Hindernis voller Selbstvertrauen überwinden.

Wenn negative Gedanken aus der Vergangenheit auftreten oder wenn Liza mit Beschränkungen ihres Lebens konfrontiert wird, betrachtet sie diese symbolisch wie eine dicke Glasscheibe zwischen ihr und der Welt. Um die Außenwelt in solchen Situationen authentisch wahrnehmen zu können, bedient sie sich eines großen Vorschlaghammers, mit dem sie das

Glas zerschlägt. Auf diese Weise zerstört sie die Hindernisse und Beschränkungen, die ihr Selbstvertrauen untergraben.

Liza verwendet auch noch eine dritte Technik. Sie stellt sich vor, sie würde kleiner und kleiner, bis sie in ihren eigenen Körper hineinschlüpfen kann. Dann begibt sie sich zum geistigen Kontrollraum, um die „mentale Blockade", welcher Art sie auch immer sein mag, zu beheben. Liza denkt immer an diesen Kontrollraum, wenn sie sich blockiert fühlt, insbesondere in Prüfungssituationen.

In einer anderen Phantasie sieht sie ihre ausgestreckten Arme, die an den Handgelenken von einem dicken Gummiband eng zusammengehalten werden. Dieses Gummiband verkörpert alle negativen Gedanken, die ihr Selbstvertrauen unterminieren. Dann bemerkt sie, wie ihre Hände und Arme immer stärker werden und das Gummiband auseinanderziehen, bis es plötzlich zerreißt und sie von den Einschränkungen befreit ist. Dieses Bild verwendet sie gewöhnlich, wenn sie von Selbstzweifeln heimgesucht wird. Dank ihrer Phantasie gelingt es Liza auch viel besser, sich selbst zu behaupten.

Selbstbehauptung

Die Fähigkeit, sich durchzusetzen, um seine Ziele zu erreichen, hängt sehr eng mit der Stärke des Selbstvertrauens zusammen. Alles, was Sie tun können, um Ihre Fähigkeit zur Selbstbehauptung zu stärken, wird auch Ihr Selbstvertrauen positiv beeinflussen. Wenn man die Phantasie dazu verwendet, seine Durchsetzungsfähigkeit zu steigern, stellt man sich gewöhnlich eine Reihe verschiedener Situationen vor. In diesen Situationen verhält man sich selbstbewußt (ohne aggressiv oder feindlich zu wirken), um seine Ziele zu erreichen.

Wenn Sie Schwierigkeiten dabei haben, einen Angestellten auf einen Fehler aufmerksam zu machen, können Sie sich eine entsprechende Szene vorstellen. Oft wirkt es sehr günstig, die Szene auf einem Bildschirm oder einer Bühne stattfinden zu lassen und selbst nur Zuschauer zu sein. Sie beobachten sich dabei, wie Sie ruhig und gelassen reagieren und dabei Ihr Ziel erreichen, nämlich daß der Angestellte den Fehler korrigiert.

Vielleicht werden Sie ständig von Ihrem Ehemann, Ihrer Frau, Mutter oder Schwiegermutter bevormundet, die Ihnen ihren Willen aufzwingen. Innerlich kochen Sie, sind aber unfähig, auf Ihr Recht zur eigenen Entscheidung zu bestehen. Mit anderen Worten: Es fehlt Ihnen an Selbstvertrauen.

Lassen Sie sich eine typische Szene durch den Kopf gehen. Stellen Sie sich vor, was gewöhnlich geschieht. Nun löschen Sie die Szene und spielen Sie erneut so, wie es Ihren Wünschen entspricht. Sie setzen sich durch und stellen sicher, daß es zu einem für Sie positiven Ergebnis kommt. Die Vorstellung des Erfolges ist von äußerster Wichtigkeit.

Auch Prinzipien des *Modellernens* erweisen sich in dieser Situation als ebenso nützlich, wie bei allen anderen in diesem Buch geschilderten Problemen. Denken Sie an jemanden, den Sie bewundern – jemanden, der bekommt was er will, ohne andere Leute niederzuwalzen und sie ihrer Rechte zu berauben – an jemanden, der ruhig und konsequent auf seinem Recht besteht, angehört zu werden, seine Meinung zu äußern und konstruktiv und zielorientiert zu handeln. Versetzen Sie sich regelrecht in diesen Menschen. Versuchen Sie, so zu denken und zu sprechen wie er und nehmen Sie sein Verhalten an. Handeln Sie wie dieser Mensch. Stellen Sie sich vor, wie Sie diese neue Rolle spielen und sich durchsetzen.

Üben Sie eine Reihe von Situationen. Stellen Sie sich vor, wie ihr Modell mit einer Situation umgehen würde, bei der es spät abends zu einer wichtigen Verabredung gehen müßte. Freunde sind zu Besuch, machen aber keine Anstalten zu gehen. Ihr Modell verhält sich so, daß es zu dem gewünschten Ausgang der Situation kommt, ohne daß die Freunde beleidigt werden. Das Modell sagt vielleicht: „Es war wirklich nett, daß ihr 'reingeschaut habt und es tut mir leid, daß ich nun gehen muß. Ich hoffe, wir können uns einmal zu einem anderen Zeitpunkt treffen, wenn keiner einen wichtigen Termin hat."

Sobald die Szene nach Ihrer Zufriedenheit verläuft, werden Sie Ihr eigenes Modell. Es geht darum, zu bekommen, was man will, ohne anderen das Leben schwer zu machen. Manchmal ist das nicht leicht, und Sie müssen mit dem Gedanken leben, daß Ihre selbstbehauptenden Handlungen andere aus der Fassung bringen. Während Sie zum Beispiel in einem Kino einen Film anschauen, unterhalten sich die Leute in der Reihe hinter Ihnen ständig laut und stören Sie. Stellen Sie sich zunächst Ihr Modell vor, wie es sich herumdreht und sagt: „Wären Sie bitte so freundlich, die Unterhaltung einzustellen, damit ich den Film anschauen kann?" Dann stellen Sie sich vor, wie Sie es selbst tun. Es ist wirklich verblüffend, wie viele Menschen das schlechte Benehmen anderer ertragen, bloß weil sie sich selbst nicht durchsetzen wollen oder können.

Ich glaube, *Wiederholungen des Tagesablaufs* im Geiste sind der beste Weg zu mehr Selbstbehauptungsfähigkeit. Lassen Sie sich den Tag am Abend noch einmal durch den Kopf gehen und loben Sie sich selbst für Situationen, in denen Sie sich effektiv durchgesetzt haben. Dann nehmen Sie sich der Reihe nach die Situationen vor, in denen dies nicht der Fall war. Sehen Sie sie vor Ihrem geistigen Auge, löschen Sie sie aus und spielen Sie sie noch einmal so durch, wie Sie sich gerne verhalten hätten. Wenn dies in Trance oder kurz vorm Einschlafen geschieht, wird die Effektivität der Methode noch erhöht. Dieser Punkt wurde auch schon an anderer Stelle näher erörtert, die Technik ist jedoch so erfolgreich, daß sich eine Wiederholung lohnt. Sie kann sich in vielen Situationen als nützlich erweisen, so zum Beispiel bei der willentlichen Veränderung der Stimmungslage.

Veränderung der Stimmung

Nicht nur auf diese Weise läßt sich eine solche Veränderung herbeiführen.

Wenn Sie ihre Stimmung bessern wollen, sollten Sie sich zunächst entspannen – zumindest bis zu einem gewissen Grade. Schalten Sie dann ihre Gedanken um. Holen Sie eine schöne Erinnerung aus der Schatzkiste in ihrem Gedächtnis und beschäftigen Sie sich eine Weile damit. Stellen Sie sich lebhaft die angenehmen Empfindungen vor, die diese Erinnerung so wichtig gemacht haben. Vielleicht war es eine humorvolle Szene. Humor eignet sich ganz hervorragend dazu, Traurigkeit zu vertreiben. Erinnern Sie sich an lustige Situationen in Ihrem Leben oder an Filme und Fernsehshows, über die Sie lachen konnten.

Natürlich können Vorstellungen, die Ihre Laune verbessern, nicht das zugrundeliegende Problem lösen, Sie können Ihnen jedoch helfen, über depressives, zermürbendes Grübeln hinwegzukommen, das häufig zu törichten unüberlegten Handlungen führt – zum Bruch einer Beziehung, zur Kündigung eines Arbeitsverhältnisses, zur Flucht in den Rausch oder dazu, daß Sie Ihre Kinder schlagen. Später würden wir unser Verhalten bitter bereuen. Dinge, die wir tun, wenn wir sehr mißgestimmt sind, hätten wir vielleicht nie getan, wenn wir versucht hätten, unsere Stimmung zu verändern.

Nicht daß es immer sehr leicht wäre – es braucht eine gewisse Willenskraft, um damit zu beginnen, die Mühe lohnt sich jedoch. Jedesmal wenn es uns gelingt, eine üble Laune in Fröhlichkeit umzuwandeln, gewinnen wir mehr Vertrauen in die Fähigkeit, unser Leben zu kontrollieren.

Fangen Sie schon an, bevor ihre Laune vollkommen schlecht ist. Fertigen

Sie eine *Liste Ihrer Lieblingsaktivitäten* und -erinnerungen an und suchen Sie sich eine aus, die Sie sich besonders lebhaft vorstellen können. Dann verfahren Sie, wie es Jean Houston in ihrem Buch „The Possible Human" beschreibt.

Stellen Sie sich diese Erfahrung so genau wie möglich vor – hören, riechen und schmecken Sie sie, so daß Sie Ihren ganzen Körper ausfüllt. Fühlen Sie sie in Ihrem Rückgrat, atmen Sie und lachen Sie in sie hinein. Greifen Sie danach und schließen Sie sie in die Arme. Halten Sie sie fest und lassen Sie sie dann los.

Sie können auf *verschiedene Erinnerungen* zurückgreifen, wenn Sie von trüben Gedanken heimgesucht werden. Rufen Sie sich eine solche Szene in Erinnerung, bevor Sie sich in eine schwierige Situation begeben, und denken Sie weiter daran, während Sie sich in der unangenehmen Situation befinden. Sie können auch jeden Tag einige Male innehalten und einfach *den Moment genießen.* Konzentrieren Sie sich darauf, wie schön das Leben ist – Ihnen fehlt es weder an Nahrung noch an Kleidung und Sie sind gerne mit Ihrer Familie und mit Freunden zusammen. Wenn wir uns darüber bewußt werden, wieviel Freude und Schönheit um uns herum existiert, bauen wir neue Energie auf, um mit üblen Launen fertigzuwerden.

Stellen Sie sich eine *Liste von Dingen* zusammen, die Sie mit Ihrem Vater oder Ihrer Mutter assoziieren – Kleider, die Sie trugen, oder Gegenstände, die Sie verwendeten. Konzentrieren Sie sich auf jeden einzelnen Gegenstand und stellen Sie sich vor, wie Sie damit umgehen. Wählen Sie denjenigen aus, der den positivsten Einfluß auf Sie ausübt und verwenden Sie dieses Bild als Auslöser für die Veränderung Ihres emotionalen Zustandes.

Sie können auch ähnlich wie in Kapitel 5 das *Bild einer Tafel* verwenden. Teilen Sie die Tafel mit einer vertikalen Linie in zwei Hälften. Auf die linke Seite schreiben Sie mit kleinen Buchstaben ein negatives Gefühl wie zum Beispiel „Traurigkeit". Dann wischen Sie dieses Wort aus. Ganz oben auf die rechten Seite schreiben Sie dann mit großen Buchstaben ein angenehmes Gefühl wie „Fröhlichkeit". Dieses Wort lassen Sie auf der Tafel stehen. Vielleicht möchten Sie mit anderen angenehmen und unangenehmen Gefühlen weitermachen. Wenn Sie fertig sind, wischen Sie die linke Seite der Tafel mit einem feuchten Tuch noch einmal ganz sauber. Während sie trocknet, unterstreichen Sie jedes angenehme Gefühl auf der rechten Seite. Auf diese Weise helfen Sie Ihrem Unbewußten, das unangenehme Gefühl zu löschen und es durch ein angenehmes zu ersetzen. Diese Methode läßt sich auch bei der Veränderung von Einstellungen verwenden.

Umgang mit der Angst vor dem Sterben

Angst untergräbt unser Selbstvertrauen. Nirgendwo wird dies deutlicher als im Zusammenhang mit der Angst vor dem Tode. Manche vertreten die Ansicht, daß wir zuerst lernen müßten, zu sterben, bevor wir unser Leben sinnvoll gestalten können. Unsere Phantasie kann uns dabei helfen, eine Erfahrung wie den Tod vorwegzunehmen. So bietet sich nicht nur eine Möglichkeit, dem Tod ins Auge zu sehen, es kann auch zu einer tieferen Wahrnehmung der eigenen Person und zur Lösung innerer Konflikte kommen, und wir gewinnen Vertrauen in unsere Fähigkeit, mit zuvor angstauslösenden Situationen umgehen zu können.

Entspannung ist der erste Schritt. Manche Leute sind sogar der Auffassung, der Tod sei die endgültige und absolute Entspannung. Menschen, die Todesphantasien hatten, berichten oft, daß das Sterben in der Phantasie ein tief entspannendes Ereignis darstellt. Dies kann daran liegen, daß einem alle Lasten und Bürden des Lebens abgenommen werden und man deshalb den Abschied nicht fürchten muß.

> Nachdem Sie sich durch tiefes Ein- und Ausatmen oder eine beliebige andere Tranceinduktionsmethode entspannt haben, sollten Sie sich eine gewisse Zeit lang vorstellen, Sie müßten nun sterben und Sie könnten nichts dagegen tun. Denken Sie dann an all die Leute, mit denen Sie sich emotional verbunden fühlen – sei es positiv oder negativ. Stellen Sie sich vor, Sie unterhalten sich der Reihe nach mit all diesen Leuten, wobei Sie alle Unklarheiten aus der Vergangenheit beseitigen. Schließen Sie Frieden mit allen und nehmen Sie Abschied.

Es ist überraschend, daß viele Leute berichten, dieser Abschied sei recht schmerzlos und von sehr positiven Gefühlen begleitet. Sheikh beschreibt in seinem Buch „The Potential of Fantasy and Imagination" das Beispiel einer gewissen Christine. Sie schildert einen Teil ihrer Erfahrungen wie folgt:

> Mein Körper wurde leichter und leichter, bis ich nach oben zu schweben begann und meinen Körper verließ. Mit einem Atemzug trieb ich plötzlich in einer stillen Welt von blau-weißem Licht. Als ich schwebte, hatte ich zunächst die Form einer Kugel – warm und lebendig. Als ich jedoch durch den windstillen Raum segelte, löste sich mein Körper in Milliarden von Teilchen auf, die sich mit dem Licht und der Energie vermischten.

Ich war sehr glücklich darüber, daß mir dies gelang. Ich legte weite Strecken zurück und hatte das Gefühl, ein Teil des Lichts zu sein. Die Zeit wurde bedeutungslos. Die Geräusche der Welt um mich herum klangen gedämpft und entfernt. Alles war nur noch Friede und Heiterkeit.

Nach dieser Erfahrung veränderte sich Christines Einstellung zum Tod deutlich. Der größte Erfolg war, daß sie sich nun mehr denn je und voller Selbstvertrauen Mühe gab, positiv und erfüllt zu leben.

Auch andere Leute haben vielleicht auf recht paradoxe Art und Weise durch Todesphantasien eine Wiedergeburt ihres Selbstvertrauens erlebt. So konnten sie ihr Leben bereichern. Wenden wir uns nun anderen Möglichkeiten der Verschönerung unseres Daseins zu.

12 Bereicherung des Lebens

Verbesserung der Lernfähigkeit

Leben heißt Lernen. Manche von uns lernen jedoch im förmlicheren Rahmen als andere – sie studieren. Hierbei müssen wir uns Prüfungen unterziehen, bei denen wir beweisen können, ob wir etwas gelernt haben oder nicht. Der Erwerb neuen Wissens bereichert sicherlich unser Leben, manchmal sind jedoch Lernschwierigkeiten und die Anspannung vor Prüfungen ein allzu großes Hindernis. Dann können wir versagen. Es existieren aber einfache Möglichkeiten, die Phantasie zu verwenden, um die Herausforderungen eines Studiums besser zu bewältigen. Die Technik des *mentalen Rehearsals* (Probehandelns), die schon im Zusammenhang mit anderen Problemen erwähnt wurde, kann als eine der besten Methoden betrachtet werden. Stellen Sie sich vor, wie Sie selbst oder ein von Ihnen bewundertes Modell studiert und alle Examen erfolgreich besteht. Auf diese Weise können Sie Ihr Unbewußtes positiv konditionieren.

Dies kann auch mit Hilfe eines magischen Kreises herbeigeführt werden. Versetzen Sie sich in einen entspannten Zustand und stellen Sie sich vor, Sie befänden sich an dem Ort, wo Sie normalerweise lernen. Sie beobachten sich selbst, wie Sie sich gut konzentrieren und der anstehenden Aufgabe Ihre ungeteilte Aufmerksamkeit schenken. Stellen Sie sich vor, daß Sie Daumen und Zeigefinger Ihrer beiden Hände aneinanderlegen, und tun Sie es anschließend tatsächlich. Sagen Sie zu sich selbst, daß Sie in Zukunft bei jeder Art von Lernschwierigkeiten lediglich Daumen und Zeigefinger Ihrer Hände aneinanderlegen müssen. Der so gebildete Kreis wird immer seine Zauberkraft behalten und stets die notwendige Konzentration und den Wunsch zu lernen herbeiführen.

Um mit Prüfungsangst umzugehen, können Sie genau die gleiche Technik verwenden. Sie stellen sich vor, wie Sie die Prüfung gut bewältigen und bringen den magischen Kreis mit diesem Erfolg in Zusammenhang. Wenn Sie dann wirklich in einer Prüfung sitzen, können Sie das Erfolgserlebnis wieder herbeiführen, indem Sie mit Daumen und Zeigefinger den Kreis bilden. Auch wenn Sie mit bestimmten Teilen des Lernstoffs Probleme haben, wird Ihnen diese Methode sicherlich helfen.

Ausreichende Konzentration ist für erfolgreiches Lernen essentiell. Liza Maddell hat ihre Konzentrationsfähigkeit mit Hilfe der folgenden Übung wesentlich verbessert. Sobald sie sich entspannt hat, denkt sie an einen großen schwarzen Vorhang. An diesen befestigt sie der Reihe nach mit Nadeln die Zahlen 1 bis 20. Sie sieht die große goldene 1 in ihren Händen und hängt sie auf. Die Zahl wird für mindestens fünf Sekunden klar und deutlich lesbar am Vorhang belassen. Dann stellt Liza sich vor, wie ihre Hände die 1 abhängen und sie durch die Zahl 2 ersetzen. Es braucht etwas Übung, die Zahlen genau zu fokussieren, Liza ist jedoch der Meinung, daß sich die Mühe lohnt. Ihre Vorstellungsfähigkeit hat sich merklich verbessert und es fiel ihr auch immer leichter, ihren Studien die ungeteilte Aufmerksamkeit zu widmen.

Mit Hilfe ihrer Phantasie ist es ihr auch gelungen, ihr Gedächtnis zu verbessern. Sie verwendet eine alte Technik, die auf Cicero, den römischen Senator, zurückgeht. Wenn sie sich an eine Reihe von Dingen erinnern muß, ordnet sie sie im Geiste wohlbekannten Orten zu. Den ersten Punkt auf der Liste assoziiert sie mit ihrem Bett. Der zweite „sitzt" auf dem Stuhl, auf dem ihr Morgenrock liegt. Ihr Morgenrock steht mit Punkt drei in Verbindung, ihre Schlafzimmertüre mit Punkt vier, und so weiter. Durch den gewohnten Gang jeden Morgen (aus dem Bett zum Stuhl mit dem Morgenrock und durch die Türe) verfügt sie über vier Speicherplätze in einer Art mentalem Ordner. Die Reihe läßt sich auf dem Weg durch den Gang und in die Küche, wo sie ein Glas zur Hand nimmt, leicht fortführen. Jeder wohlbekannte Ort oder Gegenstand kann als „Speicherplatz" dienen.

Hierbei handelt es sich um einen recht mechanischen Prozeß, der sich jedoch sehr gut dazu eignet, eine Reihe von Dingen im Gedächtnis zu behalten – Themen einer Rede oder Dinge auf einer Einkaufsliste. Die Phantasie läßt sich ebenso gut dazu verwenden, kreative Prozesse zur Bereicherung des Lebens zu fördern.

Erhöhung der Kreativität

Stellen Sie sich vor, Sie wären jemand anderer. Gehen Sie in Trance und öffnen Sie Ihren Geist für Inspirationen, indem Sie vergessen, wer, wo und was Sie in Wirklichkeit sind. Ihr Bewußtsein geht in eine andere Person über, mit der Sie sich identifizieren. Werden Sie diese andere Person, verschmelzen Sie mit ihr. Sie haben die gleichen Eigenschaften, das gleiche Wissen und die gleichen Fähigkeiten.

Vielleicht möchten Sie dies mit einem Pianisten probieren, um Ihr Klavierspiel zu verbessern, mit einem bekannten Schriftsteller, um flüssiger zu schreiben, oder mit einem Maler, der Ihnen dabei hilft, schönere Bilder zu produzieren. Wenn Sie sich mit Musikgeschichte auskennen, ziehen Sie es vielleicht vor, sich im Geiste in eine bestimmte Zeit und an einen bestimmten Ort zu versetzen – zum Beispiel in Beethovens Haus. Hier können Sie sich während einiger, von Ihnen als zeitverzerrt empfundener Minuten lange genug aufhalten, um eine neue Komposition in Beethovens Stil zu schaffen und einzuüben, die Sie nach der Rückkehr aus der Trance mühelos reproduzieren. Sie können auch in das Reich Ihrer eigenen Musik reisen und neue Ideen mitbringen, die von Ihnen selber stammen.

Obwohl solche Identifizierungen mit Komponisten, Malern oder Autoren oder mit bestimmten Orten, an denen berühmte Künstler lebten, sehr wahrscheinlich Ihre Kreativität anregen oder Sie zu neuen Ideen und Variationen stimulieren, sollten Sie jedoch nicht erwarten, ein zweiter Mozart, Rembrandt oder Hemingway zu werden. Sie werden jedoch deutliche Verbesserungen feststellen. Natürlich brauchen Sie bestimmte Fähigkeiten als Grundlage, aber die Vorstellung, mit einem großen Meister zu verschmelzen, kann der Auslöser für Sie sein, über das durchschnittliche Niveau hinauszuwachsen.

Schriftsteller, Maler, Musiker und andere Künstler haben gelernt, den Inspirationen ihrer Phantasie zu vertrauen. Oft sitzen sie nur ganz ruhig da und lassen es zu, daß ihr Geist sich entspannt und sich vollkommen leert. Sie geben ihrem Denken keine Richtung vor, sondern lassen ihren Geist umherwandern, bis Bilder erscheinen, die mit ihrer Arbeit in Zusammenhang stehen. Ein Schriftsteller sieht vielleicht Personen auftauchen, die wie in einem Theaterstück oder Film miteinander interagieren, als wären sie real vorhanden. Er selbst weiß noch nicht, was geschehen wird und die Geschichte schreibt sich förmlich selbst. Musiker sehen vielleicht, wie vor ihren Augen Noten geschrieben werden, und hören im Geiste einzelne Instrumente oder ganze Orchester. Manchmal scheinen ausgesprochen originelle Kompositionen von „irgendwo außerhalb“ des Künstlers zu stammen. Einem Maler können fertiggestellte Bilder erscheinen, bevor er selbst mit seinem Werk begonnen hat.

An diesen Phänomenen ist nichts Ungewöhnliches, und Künstler akzeptieren sie als alltägliche Ereignisse. Auch wir können dies tun. Wir sollten nur darauf vertrauen, daß etwas geschieht. Hierbei ist es sehr hilfreich, Körper und Geist zu entspannen. Wenn wir unseren Gedanken gestatten, dahin zu wandern, wohin sie die Bilder tragen, werden sich sicherlich Erfolge einstellen.

Wenn Sie versuchen, die Kreativität Ihrer Phantasie auf diese Weise auszunutzen und trotzdem das Gefühl haben, nicht ans Ziel zu kommen, sollten Sie einen Schlüsselreiz verwenden. Wollen Sie ein Gedicht schreiben, geben Sie sich selbst ein paar Stichworte und spielen Sie mit ihnen. Wenn Sie ein Musikstück schreiben wollen, summen Sie einige Töne und überlassen Sie Ihrer Phantasie den Rest. Vielleicht stellen Sie sich auch vor, Sie wären ein berühmter Komponist.

Verwenden Sie Fernsehen, Radio und Bücher als Mittel zur Steigerung der Lebensfreude und zur Anregung. Sie können zu den Film- oder Romandarstellern werden, wenn Sie Ihrer Phantasie freien Lauf lassen. Besonders Bücher bieten Ihnen in dieser Beziehung mehr Freiraum, wenn Sie gerne eine Pause einlegen, sich zurückziehen und die geschilderten Ereignisse genießen wollen. Lassen Sie es zu, daß Ihre Phantasie Sie weit über die vom Autor vorgegebenen Grenzen trägt. Auf diese Weise wird es Ihnen sehr gut gelingen, die Langeweile aus Ihrem Leben zu verbannen.

Bekämpfung der Langeweile

Das Schöne an Phantasiereisen ist, daß Sie aufgrund der Schnelligkeit und Flexibilität Ihrer Vorstellungskraft gleichzeitig verschiedene Leben führen und in die Vergangenheit und Zukunft reisen können. Sie können alles tun, ohne negative Konsequenzen Ihrer Handlungen befürchten zu müssen. Alles geschieht in Ihrer eigenen, ganz privaten Welt. Sie können mit unterschiedlichen Lebensstilen experimentieren und viele verschiedene Orte besuchen.

Singer und Switzer berichten von einer älteren Frau im Staate New York, die täglich Phantasiereisen unternahm, um der Monotonie und Einsamkeit zu entfliehen. Sie schildert ihr Vorgehen wie folgt:

Jeden Nachmittag nehme ich mir eine Stunde Zeit, in der ich mich in einen Lehnstuhl setze und mir vorstelle, ich lebte in einer Villa in Florenz. Ich sehe die Häuser mit pinkfarbenen Dächern, die Geranien an den Fenstern und die Tontöpfe am Wegesrand. Manchmal arbeite ich eine Weile im Garten und höre das Singen der Vögel. Manchmal laufe ich die Straße über den Arno entlang, spaziere über den Ponte Vecchio und gehe den Hügel zum Pitti-Palast hinauf. Ich schlendere durch angenehm kühle Galerien, betrachte die Bilder und genieße die wunderschöne Aussicht durch die Palastfenster auf die Stadt. Dann gehe ich langsam durch die Boboli-Gärten zum Porzellanmuseum und sehe mir dort das Panorama der Toskanischen Berge an.

Phantasiereisen wie diese können besonders für *bettlägerige Menschen,* für jeden, der nicht ohne Schwierigkeiten reisen kann, und für Leute, denen es am nötigen Geld mangelt, eine wahre Wohltat sein. Vielleicht ist es nicht ganz so schön, wie ein echter Urlaub, aber sicher sehr viel angenehmer als die Leere, die manche Menschen empfinden, wenn Sie in die Depression einer monotonen täglichen Routine fallen, aus der es für Sie keinen Ausweg gibt. Hier bietet sich die Methode der älteren Dame aus New York an. Man kann einen Ort besuchen, an dem man früher einmal war, oder auch ein Reiseziel wählen, das einem vollkommen unbekannt ist.

Es kostet nicht viel Mühe. Suchen Sie sich einen Teil der Welt aus, der Sie in irgendeiner Weise interessiert. Zu diesem Zweck sollten Sie einen Atlas zur Hand nehmen, Reiseführer über das entsprechende Land lesen und Photos betrachten. Entscheiden Sie sich für eine bestimmte Reiseroute zu Ihrem Wunschziel. Stellen Sie sich vor, wie Sie durch Städte und über das freie Feld laufen oder fahren, mit den Ortsansässigen sprechen und kleine Abenteuer erleben.

Sie können sich auch dazu entschließen, in Ihrer Phantasie ein anderes Leben zu führen. Erfinden Sie Personen, die zu anderen Zeiten an anderen Orten leben. Spielen Sie mit Ihren Ideen und erkennen Sie, daß Sie diese anderen Persönlichkeiten ganz nach Wunsch auftauchen und wieder verschwinden lassen können. Verwenden Sie sie entweder dazu, Ihre Kreativität zu erhöhen, wie dies im letzten Abschnitt beschrieben wurde, oder um Ihre alltägliche Routine mit neuen Aspekten zu bereichern. Es ist eine beliebte Phantasie, zum erfolgreichen Sportler zu werden. Man stellt sich auch gerne vor, ein berühmter Schauspieler zu sein, der Bewunderung und Applaus erntet.

Es kann sehr interessant sein, sich ein *anderes Ich* zu schaffen. Es kann Ihr genaues Gegenteil sein, das Dinge tut und ausspricht und Abenteuer erlebt, an die Sie nicht einmal in Ihren kühnsten Träumen denken würden. Viele untätige Momente des Wartens können Sie durch diese Phantasien sehr angenehm gestalten.

Kinder tun ähnliche Dinge und es scheint ihnen nicht zu schaden. Vielleicht wenden wir uns zu schnell von „kindischen Dingen" ab und vergeben so die Chance, unser Erwachsenenleben zu bereichern. Unsere Phantasie scheint eines dieser vernachlässigten Potentiale zu sein, da sie uns nicht nur wie in diesem Abschnitt beschrieben zu Freude und Entspannung verhilft, sondern auch bei ernsthaften Entscheidungen von Nutzen sein kann.

Entscheidungen und ihre Phantasie

Obwohl Ihre Phantasie, wenn sie sehr zielgerichtet eingesetzt wird, kontrollierter arbeitet, weist sie doch immer noch die von mir betonte Freiheit und Flexibilität auf. Shirley Tulley, die mit ihrem Mann einen kleinen Gemischtwarenladen betreibt, benutzt oft ihre Phantasie, um Entscheidungen zu treffen.

Shirley mußte sich entscheiden, ob sie umziehen sollte oder nicht. Sie hatte die Wahl zwischen ihrer vertrauten Nachbarschaft, in der sie schon viele Jahre gelebt hatte, und einer „besseren" Gegend in der Vorstadt. Ein solcher Umzug ist ein folgenreicher Schritt. Viele unserer Entscheidungen sind eher bedeutungslos, weil wir falsche Entschlüsse ohne große Mühe rückgängig machen können. Ein Wechsel des Wohnortes sollte jedoch nicht bedenkenlos vorgenommen werden. Shirley begann damit, die schlimmsten Konsequenzen in Erwägung zu ziehen.

Sie fragte sich selbst: „Was wäre wohl die schlimmste Konsequenz, wenn wir unser jetziges Zuhause verlassen und das neue Haus kaufen würden?" Sie würden Freunde und unter Umständen die Unterstützung der Familie verlieren, einen weiteren Weg zur Arbeitsstelle haben, und es könnte womöglich sein, daß Ihnen ihr neues Haus nicht besonders gefällt. Sie stellte sich vor, all diese Dinge würden geschehen und dachte daran, wie sie sich fühlen würde.

Dann dachte Shirley daran, wie es wohl sein würde, wenn sie in ihrer bisherigen Wohnung bliebe. Was waren in diesem Fall die übelsten Konsequenzen? Sie dachte an die hohe Kriminalitätsrate, die schlechte Gesellschaft für ihre Kinder und daran, daß keine Möglichkeit bestand, den Sozialstatus der Familie zu erhöhen. Wieder verwendete sie ihre Phantasie, um sich alles so lebhaft wie möglich vorzustellen.

Nachdem sie in ihrer Phantasie die schlimmsten Erfahrungen gemacht hatte, wendete sie sich den angenehmen Dingen zu. Ihr neues Haus stellte sich als wunderschön heraus. Sie lernte neue Freunde kennen und behielt enge Kontakte zur Familie bei. Ihre Kinder mochten die neue Schule und alles entwickelte sich großartig. Wenn sie an das Beste dachte, das in ihrer gegenwärtigen Situation passieren konnte, war dies im Vergleich zum Schlimmsten kein allzu großer Fortschritt. Auf diese Weise wurde ihr die Entscheidung förmlich abgenommen.

Shirley mischte ihre größten Ängste mit ihren kühnsten Hoffnungen und ließ sich bei der Entscheidungsfindung von dieser Mischung leiten. Indem sie ihre Phantasie auf diese Art und Weise verwendete, konnte sie emotionale und mentale Konflikte, die oft mit Problemlösung und Entscheidungsfindung einhergehen, wirksam vermeiden.

Sie können es genauso machen wie Shirley. Beginnen Sie mit den übelsten Konsequenzen, erfahren Sie die Ängste und die Unsicherheit. Werden Sie dann zum vollkommenen Optimisten. Alles wird hervorragend. Kombinieren Sie schließlich die pessimistische und die optimistische Sicht, um eine realistische Bewertung der Situation zu ermöglichen.

Shirley kann sich ihrer Phantasie jedoch nicht nur als Entscheidungshilfe glücklich schätzen. Seitdem sie eine Technik verwendet, von der sie in Jean Houstons (1982) „The Possible Human“ gelesen hat, ist sie davon überzeugt, ihr Leben durch erhöhte Wahrnehmungsfähigkeit bereichert zu haben.

Verbesserung der Wahrnehmungsfähigkeit

Shirley gebraucht ihre Phantasie, um den Nebel zu lüften, der ihre Wahrnehmungen trübt.

Zunächst schließt sie ihre Augen, konzentriert sich auf die Gleichmäßigkeit ihrer Atmung und läßt diesen Rhythmus eine Zeit lang auf sich wirken. Dann stellt sie sich vor, sie würde an Bord eines Blutkörperchens durch die Blutgefäße ihres Körpers reisen. Dieses Blutkörperchen trägt sie von der kleinen Zehe ihres rechten Fußes durch den Fuß und das Bein in eine große Arterie, bis hin zu ihrem Becken. Von hier aus fährt sie weiter durch ihre Brust, ihren Hals und ihr Gesicht, bis sie in der Hirnrinde angelangt ist.

Sie begibt sich zur Zirbeldrüse, dem dritten Auge des Menschen, das sich in der Mitte zwischen ihren Augäpfeln befindet und das sie für eine Art Zentrum der inneren Wahrnehmung hält. Hier stellt sie sich das „Haus der Sinne“ vor, in dessen Türe ein goldener Schlüssel steckt, auf dem ihr Name steht. Sie dreht ihn herum, öffnet die Türe und steckt den Schlüssel in die Tasche. In der Diele des Hauses findet sie allerlei Putzutensilien – Staubsauger, Mops, Schwämme, Schläuche und leere Mülltüten.

Der Raum, der rechts von der Diele liegt, ist Shirleys „Zimmer des Sehens“. In seinen Ecken liegt Staub, die Fenster sind verhangen, haufenweise Müll liegt auf dem Boden herum und die Lichter sind ausgebrannt. Shirley putzt dieses Zimmer gründlich, was auch dringend nötig ist. Nachdem sie den Boden aufgewischt hat, putzt sie die Fenster und öffnet sie, entfernt die staubigen Vorhänge und schafft all den Müll beiseite. Sobald sie dies getan hat, schaut sie aus dem Fenster ihres hellen Zimmers und kann rundherum meilenweit in eine saubere, helle und glänzende Welt schauen.

Am Ende dieses Zimmers befindet sich eine verschlossene Tür, die sie mit ihrem goldenen Schlüssel öffnet. Sie läßt sie geöffnet, während sie in ihr „Zimmer des Hörens“ geht. Auch hier herrscht große Unordnung. Überall hängen Spinnweben, und Staub und allerlei Unrat liegt herum. Wieder stellt Shirley sich vor, sie würde putzen, schrubben und polieren. Sie vergrößert sogar die Ausmaße des Raumes, indem sie die Mauern auseinanderrückt und die Decke anhebt. Sie ist davon überzeugt, daß sie auf diese Weise ihr Hörvermögen verbessert. Sie weiß, daß dies der Fall ist, denn sobald sie fertig aufgeräumt hat und durch das große, weite Zimmer läuft, hört sie ihre Schritte und nimmt das leise Rauschen wahr, mit dem die frische Luft durch das offene Fenster strömt und den letzten Rest Staub davonweht. Am offenen Fenster hört Shirley den Wind in den Bäumen rascheln, den Gesang der Vögel und das Lachen spielender Kinder.

Es geht jedoch noch weiter. An das „Zimmer des Hörens“ schließen sich ein „Zimmer des Riechens“ und ein „Zimmer des Geschmacks“ an. Shirley putzt sie alle gründlich, damit ihr Geruchs- und ihr Geschmackssinn sich verschärfen. Sie genießt den frischen Geruch, den der Wind ins Zimmer trägt, und hat einen leicht salzigen Geschmack auf der Zunge.

Als nächstes folgt das „Zimmer des Fühlens". Aller Dreck und Abfall wird hinausgeworfen, bis der Raum vor Leben pulsiert. Nun kann sich Shirley daran erfreuen, wie sich der hölzerne Fensterrahmen anfühlt, sie kann die leichte Brise auf ihrer Wange genießen und die rauhe Oberfläche des Teppichs unter ihren Füßen spüren.

Schließlich kehrt sie zur Diele zurück, in der sie den ganzen Abfall fertig zum Abtransport angehäuft hat. Eine Treppe führt in das obere Stockwerk und Shirley geht hinauf. Dort oben findet sie einen großen Raum vor – das „Zimmer des sechsten Sinnes". Hier befinden sich all die Sinne, die im Erdgeschoß nicht angetroffen wurden. Auch dieser Raum muß geputzt werden. Sobald sie damit fertig ist, geht sie auf den Balkon. Von hier aus kann sie auf die Zimmer im Erdgeschoß schauen. All die frisch geputzten Räume sind durch die zuvor erwähnten Türen, die Shirley offengelassen hat, verbunden.

Shirley spürt eine leichte warme Brise, die durch die offenen Fenster und Türen ihrer Sinne weht. Sie hebt ihren Kopf an und atmet tief die frische Luft des „Zimmers des sechsten Sinnes" ein. Dann läßt sie ihren Kopf nach vorne fallen, atmet aus und bläst die Luft durch alle fünf Räume. Dies tut sie einige Male bevor sie sich entspannt und das Gefühl genießt, ganz intensiv zu leben und sich Körper und Geist vollkommen bewußt zu sein. Sie geht die Treppe hinunter in die Diele, sammelt den Unrat, bringt ihn nach draußen zu einer großen Müllverbrennungsanlage und verbrennt ihn, bis nichts mehr übrigbleibt. Wenn sie die Türe des Hauses schließt, läßt sie alles hinter sich und kehrt zu ihrem Alltagsbewußtsein zurück.

Die Beschreibung dieser Prozedur zieht sich länger hin als der eigentliche Vorgang. Hin und wieder bedient sich Shirley dieser Methode, wenn es ihr langweilig ist. Wenn sie aus dem Haus ihrer Sinne zurückkehrt, stellt sie fest, daß sich ihre Wahrnehmung verändert hat. Dinge, die sie anschaut, erscheinen leuchtender und schärfer, Töne sind klarer und sie schmeckt, riecht und fühlt intensiver. Die Welt erscheint heller, sie kann die Dinge um sie herum genießen und wertschätzen, und die dumpfe Langeweile verfliegt. Auf diese Weise bereichert Shirley ihr Leben.

Es existieren unzählige Phantasien, die auch Ihnen dabei helfen können, Ihr Leben zu bereichern. Manche wurden in diesem Kapitel erwähnt. Eine weitere Gruppe von Phantasien ist so wichtig, daß sie ein eigenes Kapitel verdient.

13 Sexuelle Phantasien

Der Wert sexueller Phantasien

Man fühlt sich leicht schuldig, wenn man sexuelle Phantasien hat. Dies ist vielleicht auf eine frühe Konditionierung zurückzuführen, bei der Angst und Schuld als Mittel dazu dienten, uns von Dingen abzuhalten, von denen unsere Eltern glaubten, sie wären „schlecht". Unglücklicherweise erhalten wir diese Kindheitsängste und -schuldgefühle bis in unser Erwachsenenalter aufrecht, was in vielen Fällen vollkommen unangebracht ist. Sie können uns daran hindern, unser Leben zu genießen. Nirgendwo wird dies deutlicher als bei dem hier geschilderten, brisanten Thema – der Sexualität.

Bücher wie „My Secret Garden" oder „Men in love" von Nancy Friday (1973; 1980) haben sexuelle Phantasien salonfähiger gemacht. Anstatt sich für alle möglichen erotischen Vorstellungen während des Geschlechtsverkehrs schuldig zu fühlen, erkennen Männer und Frauen, daß diese Phantasien eine akzeptable Möglichkeit darstellen, den sexuellen Genuß zu erhöhen. Viele Ehepaare mit einem verarmten Sexualleben haben durch die von Nancy Friday beschriebenen Phantasien neue Vitalität gefunden.

In ihren Büchern berichtet Nancy Friday von den Resultaten ihrer Umfragen über sexuelle Phantasien. Dies kann für Menschen sehr hilfreich sein, die nicht erkennen, daß ihre Phantasien von Vergewaltigung, Gruppensex, analem und oralem Geschlechtsverkehr nicht Zeichen eines verdrehten und deprivierten Geistes, sondern eigentlich ganz normal sind. Viele andere haben ähnliche Vorstellungen. Wenn jemand sich vorstellt, vergewaltigt zu werden oder andere zu vergewaltigen, heißt dies noch nicht, daß er es tatsächlich tun möchte. Es handelt sich lediglich um eine Möglichkeit, den sexuellen Genuß auf eine Art und Weise zu erhöhen, die niemand anderem schadet.

Susan Bates war sehr unzufrieden darüber, daß sie sich beim Geschlechtsverkehr nicht auf ihren Ehemann konzentrieren konnte. Obwohl sie ihn liebte, konnte sie keinen Orgasmus erreichen, ohne sich eine bestimmte Situation vorzustellen. In dieser Phantasie wurde sie von einer Gruppe von Männern entführt, in ein Haus auf dem Land gebracht und wiederholt von ihnen vergewaltigt. Immer wenn sie sich vorstellte, so behandelt zu werden, erreichte sie schnell und mehrfach den Orgasmus.

Susans Unsicherheit legte sich, als ich ihr von anderen Frauen erzählte, die ganz ähnliche Phantasien hatten und diese auch verwendeten, um zu sexueller Erfüllung zu gelangen. Ich konnte sie noch mehr beruhigen, indem ich ihr von anderen Patientinnen erzählte, deren sexuelle Phantasien noch weit „abartiger" waren. Auf diese Weise konnte Susan ihre Phantasie weiterhin dazu verwenden, um ihr Sexualleben zu bereichern, ohne unnötige Schuldgefühle mit sich herumzutragen.

Obwohl sie noch andere Phantasien entwickelte, blieb doch die Entführungsszene mit der Vergewaltigung ihre bevorzugte Vorstellung. Wir alle neigen dazu, uns solche „alten Freunde" anzuschaffen. Auf diese „todsicheren" Erregungsauslöser können wir uns verlassen, wenn wir unser Ziel erreichen wollen. Sie überwinden jegliche Barriere, die unserer Erregung in der realen Welt im Wege steht. In unserer Phantasie sind wir nicht durch Konventionen gebunden. Es existieren keine Grenzen und Beschränkungen hinsichtlich Ausdauer, Attraktivität, Legalität oder Moral. Alles was wir brauchen, ist ausreichende Kreativität, um eine Phantasie entstehen zu lassen, sie zu nähren, zu verändern und zu genießen, damit sie sicher und schnell unsere Leidenschaft zum Glühen bringt.

Viele wissenschaftliche Untersuchungen auf diesem Gebiet zeigen eindeutig, daß die meisten Menschen Phantasien dieser Art haben. Ungefähr 70 % der befragten Frauen und 90 % der befragten Männer gaben an, bei intimen Handlungen mit dem Partner sexuelle Phantasien zu haben. Sie stellten sich zum Beispiel vor, mit anderen Männern oder Frauen zu schlafen, mit einer berühmten Person – für gewöhnlich einem Filmstar – Geschlechtsverkehr zu haben oder zu sexuellen Handlungen gezwungen zu werden.

Sexualtherapie

Die Existenz solcher Phantasien wird von Therapeuten genutzt, um Patienten zu einem befriedigenderen Geschlechtsleben zu verhelfen. Durch Phantasien gelingt es sowohl Männern wie auch Frauen, Hemmungen und Probleme verschiedener Art zu überwinden. Viele dieser Schwierigkeiten treten auf, weil sich einer oder beide Partner übermäßig auf die körperlichen Empfindungen in den Genitalien konzentrieren und versuchen, diese Empfindungen zu verstärken, als handele es sich um einen Wettbewerb. Durch eine solche Konzentration der Aufmerksamkeit kann sich so starke Versagensangst entwickeln, daß es dem Mann unmöglich wird, eine Erektion aufrechtzuerhalten, und die Frau keinen Orgasmus erreicht. Es erscheint fast so, als würden Menschen mit diesem Problem „neben sich selbst“ stehen, ihre Leistung beobachten und sie – für gewöhnlich – negativ beurteilen.

Phantasien können uns von dieser Beobachtung und Bewertung ablenken. Sie gestatten es insbesondere Männern, ihr eigenes sexuelles Erregungsniveau auf das der Partnerin einzustellen. Wenn sie sich etwas zügeln wollen, können sie an unerotische Szenen denken, wie zum Beispiel an Sport, an Börsenberichte oder an ein Glas Bier, das sie mit einem Freund trinken. So können sie ihren eigenen Orgasmus hinauszögern, bis auch die Partnerin bereit ist. Umgekehrt kann sich ein Mann erotischer Phantasien bedienen, um „aufzuholen“, wenn die Partnerin sich dem Höhepunkt nähert und beide den gemeinsamen Orgasmus genießen wollen.

Woody Allen stellt dies sehr schön in seinem Film „Play it Again, Sam“ dar. Die Frau seines besten Freundes, mit der er zum ersten Mal ins Bett geht, fragt ihn, warum er während des Geschlechtsverkehrs dauernd „slide, slide“ ruft. Woody erklärt ihr daraufhin, daß er an Baseball denkt, weil es ihn „auf Touren bringt“.

Sicherlich ist die Überbewertung eines gemeinsamen Orgasmus an sich eine Hauptursache für Versagensängste. Obwohl der gemeinsame Höhepunkt sehr befriedigend sein kann, gibt es keinen Grund, ihn in jedem Falle anzustreben. Es existieren viele andere Wege zu sexuellem Genuß und diese Wege können viel besser erforscht werden, wenn die Notwendigkeit des gemeinsamen Höhepunktes in den Hintergrund tritt. Wenn es dazu kommt, ist es großartig – wenn nicht, ist es nicht weiter tragisch.

Sexuellen Ängsten und sexuellem Versagen kann oft durch Phantasien entgegengewirkt werden, die sich auf den Spaß am Sex konzentrieren. In anderen Fällen sollte man sich eher auf Bilder konzentrieren, die dazu dienen, bestimmte Probleme zu bewältigen.

Verbreitete sexuelle Probleme

Wenn mangelndes Interesse an sexueller Tätigkeit das Problem ist, kann unser wohlbekannter Kontrollknopf sehr gute Dienste tun. Mit ihm läßt sich die Stärke des sexuellen Verlangens auf einer Skala von eins bis zehn einstellen. Sie sehen jede einzelne Zahl und konzentrieren sich auf die steigende sexuelle Erregung.

Sie können sich auch während der Masturbation auf irgendeinen erregenden Stimulus konzentrieren. Bei Männern geht es hier häufig um Geschlechtsverkehr mit Fremden, Gruppensex und um Vergewaltigung. Frauen stellen sich lieber Dinge vor, die sie in Wirklichkeit nie machen würden, besonders wenn es sich bei ihnen darum dreht, zum Sex gezwungen zu werden. Die Phantasie, vom Partner überrumpelt zu werden, ist bei Frauen sehr beliebt. Kurz bevor Sie bei der Masturbation den Orgasmus erreichen, sollten Sie Ihre erotische Phantasie abbrechen und sich auf sexuelle Handlungen mit Ihrem Partner konzentrieren. Bei jeder weiteren Masturbation sollte dieses Umschalten auf den Partner immer ein wenig früher geschehen. Auf diese Weise machen Sie es wahrscheinlicher, daß Ihr Geschlechtspartner schließlich die gleiche Erregung und Lust auslöst wie zuvor die erotische Phantasie.

Dieselbe Art der Konditionierung läßt sich auch während des Geschlechtsverkehrs mit dem Partner durchführen.

Beginnen Sie mit erregenden erotischen Szenen, konzentrieren Sie sich in der ersten Phase des Geschlechtsverkehrs auf diese Vorstellungen und schalten Sie zu den realen Gegebenheiten um, wenn sich der Orgasmus nähert.

Auch bei *Vaginismus* können Phantasien sehr hilfreich sein. Wenn Sie sich auf Ihre Beckengegend konzentrieren, können Sie genau die Anspannung und die Enge beschreiben, die Sie empfinden und die den Geschlechtsverkehr unmöglich machen. Oft läßt sich dieses Gefühl in einem einzigen Bild fassen, zum Beispiel in der Vorstellung eines festen Knotens. Stellen Sie sich die Entspannung als ein Lösen dieses Knotens vor. Er wird lockerer und lockerer, bis er vollkommen verschwunden ist.

Die bereits erwähnte Technik, bei der die Größe, Form, Farbe und Struktur der Anspannung beschrieben wird, kann sich auch hier als sehr nützlich erweisen. Wenn Sie die Größe auf Null reduzieren oder die Form, Farbe oder Struktur verändern, können Sie auch das Spannungsgefühl an sich beeinflussen, indem Sie es entweder auf ein akzeptables Niveau reduzieren oder es dazu bringen, vollkommen zu verschwinden.

Männliche Impotenz ist häufig eine Folge der bereits zuvor erwähnten Versagensangst. Jeder sexuelle Kontakt wird als Herausforderung betrachtet – als Prüfung, bei der man versagen kann. Diese Versagensangst erhöht die Wahrscheinlichkeit von Fehlschlägen. Aus diesem Grunde stellt die Verwendung ablenkender erotischer Phantasien einen Weg dar, Impotenz zu überwinden. Auch die Erinnerung an ein vorangegangenes befriedigendes sexuelles Erlebnis kann sehr hilfeich sein, um sich selbst anzutrainieren, eine Erektion herbeizuführen und aufrechtzuerhalten.

Üben Sie dies alles im entspannten Trancezustand. Stellen Sie sich vor, Sie hätten ein angenehmes und erfolgreiches sexuelles Erlebnis gehabt, das gefilmt wurde. Diesen Film haben Sie bereits gesehen und nun schauen Sie ihn wieder an. Er zeigt Sie und Ihre Partnerin ganz detailliert und explizit dabei, wie Sie den Geschlechtsakt in vollen Zügen genießen. Der Film ist hocherotisch, weil Sie in ihm Ihre eigenen Phantasien ausleben. Es kostet Sie keinerlei Mühe, Ihre kräftige Erektion so lange wie Sie wollen aufrechtzuerhalten. Der Film gehört Ihnen und Sie können ihn sich so oft und wann immer Sie wollen anschauen. Wenn Sie Lust dazu haben, können Sie bei jedem Betrachten vollkommen in Ihr im Film agierendes Ebenbild schlüpfen, die erotischen Empfindungen genießen und die kräftige Erektion spüren. Jedesmal, wenn Sie dies tun, verschaffen Sie Ihrem Unbewußten ein sexuelles Erfolgserlebnis.

Auch bei *vorzeitigem Samenerguß* kann die Vorstellung eines erfolgreichen Geschlechtsaktes sehr nützlich sein. Der Grund für dieses Problem ist häufig die Angst des Mannes, die Erektion nicht bis zum eigentlichen Geschlechtsakt aufrechterhalten zu können. Aus diesem Grund verkürzt er das Vorspiel und versucht in die Frau einzudringen, bevor seine Erektion ausreichend stark ist. Wieder ist es hilfreich, wenn sich der Mann vorstellt, eine dauerhafte Erektion zu haben und den Geschlechtsakt mit Erfolg zu vollenden. Auch hier kann es sehr günstig sein, sich einen Menschen, den man bewundert, als erfolgreiches Modell vorzustellen, wenn man Schwierigkeiten hat, sich selbst in dieser Rolle zu sehen.

Einige nützliche Phantasien

Es kann den beiderseitigen sexuellen Genuß steigern, wenn man dem Partner seine sexuellen Phantasien mitteilt. Oft sind wir in dieser Beziehung sehr zurückhaltend, weil wir glauben, den Partner zu verletzen oder zu schockieren, wenn wir ihm erzählen, daß wir an jemand anderen und nicht an ihn denken. Sobald man jedoch erkennt, wie weit verbreitet derlei Phantasien sind, ist man eher bereit, sich mitzuteilen, weil man weiß, daß der Partner vielleicht ähnliche Vorstellungen hat.

Phantasien und Vorstellungen können bei der Bereicherung Ihres Sexuallebens von unschätzbarem Wert sein, da Sie Ihnen zu Abwechslung und Genuß verhelfen. Wie bei allen in diesem Buch beschriebenen Phantasien ist es jedoch stets wichtig, Traum und Realität zu unterscheiden. In den meisten Fällen ist es angebracht, Phantasien eher im Geiste als in der realen Welt auszuleben. Ehepaare möchten ihre Vorstellungen vielleicht hin und wieder in die Tat umsetzen. Dies ist erheblich einfacher, wenn sich die Partner Ihre erotischen Phantasien mitteilen und vielleicht herausfinden, daß Sie an ähnliche Dinge denken.

Obwohl sich die meisten sexuellen Phantasien in irgendeiner Form um den Geschlechtsakt drehen, gibt es jedoch noch andere Vorstellungen.

Susan Bates macht eine Reise durch ihre Genitalien. Sie stellt sich vor, sie befände sich in ihrer Vagina und würde jedes Detail dieser wunderschönen Kammer genau inspizieren. Sie konzentriert sich auf den Eingang, die Decke und die Wände und hält an besonderen Stellen inne, die mit angenehmen Empfindungen reagieren. Auf diese Weise hat sie Stellen gefunden, die sehr lustvoll auf Berührung, Klopfen, Reiben oder Druck reagieren.

Die Lust an diesen Stellen betrachtet sie als eine Art Gegenstand, der unterschiedliche Formen annehmen kann. Manchmal ist es auch eine Farbe, ein Geräusch, eine Empfindung, ein Geruch, ein Geschmack oder eine Kombination dieser Sinneseindrücke. Was immer es ist, Susan konzentriert sich darauf und verändert seine Intensität, wie es ihr gefällt. Indem sie auf diese Weise Kontrolle ausübt und sich die Stimulation der verschiedenen „Lustpunkte" vorstellt, kann sie den Genuß während sexueller Aktivitäten mit ihrem Ehemann noch verstärken.

Susans Ehemann Steve bedient sich ebenfalls der Phantasie, um seine sexuelle Lust zu verstärken. Er stellt sich vor, wie seine Hoden und sein Penis ganz lebendig werden und wie er die Empfindlichkeit seiner Geschlechtsorgane noch verstärkt, indem er einen Lautstärkeregler wie an einem Radio aufdreht. Dann spürt er ein Pulsieren, das er willkürlich verlangsamen oder beschleunigen kann. Dieser Puls stellt die Lebenskräfte dar, die seinen Körper durchströmen und sich bei sexueller Erregung auf Hoden und Penis konzentrieren. Da sexuelle Erregung hauptsächlich auf die Durchblutung der Genitalien zurückzuführen ist und Steve durch seine Phantasie die Durchblutung dieser Organe verstärkt, ist es kein Wunder, daß er auf diese Weise sein sexuelles Lustempfinden steigern kann.

Phantasien können nicht nur unser Sexualleben bereichern, auch sportliche Aktivitäten können uns mehr Spaß machen, denn wir haben eher Freude an Dingen, die wir gut beherrschen. Gute Leistungen im Sport lassen sich mit Hilfe unserer Phantasie sehr leicht erreichen, wie wir im letzten Kapitel sehen werden.

14 Verbesserung sportlicher Leistungen

Bilder, nicht Worte

Unsere literarisch gebildete Gesellschaft hängt sehr an Worten. Worte sind die Grundlage unseres Wissens und Lernens, die Erfahrung lehrt uns jedoch, daß sie nicht immer der beste Weg zu neuer Erkenntnis sind. In seinem Buch „Inner Tennis“ erzählt Tim Gallwey (1976) die Geschichte seines ersten Versuches, einen Sportler non-verbal zu trainieren.

> Er ließ seinen Schüler wissen, daß er ihm nicht sagen würde, was er zu tun hatte. Statt dessen sollte er ihm, Tim Gallwey, dabei zuschauen, wie er den Tennisball schlug, und daraufhin dasselbe tun. Der Junge beobachtete ihn und sagte: „Ich sehe, was Sie tun. Während Sie schlagen, verlagern Sie ihr Gewicht vom hinteren auf den vorderen Fuß.“ Dann kopierte er Gallweys Schlag und machte fast alles richtig – nur das Gewicht verlagerte er nicht.

Gallwey schildert viele andere Beispiele, die zumindest im Bereich Tennis zeigen, daß Worte sich nicht sehr gut zum Lehren und Lernen eignen. In dem Buch „The Centered Skier“ bemerkt auch Denise McCluggage:

> Während Sie Skifahren, sollten Sie auf Bilder und nicht auf Worte achten. Lernen Sie, die Worte Ihres Trainers in Bilder zu verwandeln, und hüten Sie sich davor, den umgekehrten Weg zu beschreiten: unüberlegt jede Erfahrung in eine Schublade einzuordnen und mit einem Etikett zu versehen. Benutzen Sie Ihre linkshemisphärische Logik dazu, genau herauszufinden, was die gegebene Instruktion bedeutet, und suchen Sie dann in Ihrem eigenen Erfahrungsschatz nach einer Metapher, die Sie mit dieser Kernaussage verbinden können und sie für Sie lebendig macht. „Aha, Sie meinen, daß das Knie über dem Talski förmlich schmilzt.“

Bilder scheinen das beste Mittel zu sein, um mit dem Unbewußten zu kommunizieren und ihm zu zeigen, was wir eigentlich wollen. Sie sind wahrscheinlich viel wirksamer, als wenn wir uns nur auf positives Denken verlassen, das gerade bei der Steigerung der sportlichen Leistungsfähigkeit deutliche Grenzen hat. Gallwey beschreibt in dem bereits erwähnten Buch, daß man bei einer Konzentration auf Slogans wie: „Ich werde gewinnen!" automatisch auch die Möglichkeit miteinschließt, verlieren zu können. Aus positivem Denken kann auf diese Weise leicht negatives Denken werden, das mehr Ängste schafft als es zerstreut. „Ich werde den Golfball aus drei Metern Entfernung einlochen", bedeutet auch: „Vielleicht treffe ich nur daneben." Es ist schwierig, sich nur auf das Positive zu konzentrieren und die negativen Aspekte vollkommen beiseitezuschieben.

Ich möchte jedoch den Wert des positiven Denkens nicht herunterspielen. Es ist in jedem Falle viel besser, mit der Hoffnung auf Erfolg an eine sportliche Leistung heranzugehen, als in der Erwartung eines Fehlschlages. Es ist aber auch nicht angebracht, die Wirksamkeit dieser Denkweise zu überschätzen. Positives Denken allein macht Sie nicht zum Gewinner. Dies wurde wiederholt von Studien gezeigt, die sich mit dem „psychischen Aufbau" von Sportlern, insbesondere von Footballspielern, befaßt haben. Der von vielen Trainern bevorzugte „Hurra, geht 'raus und bringt sie um"-Ansatz übt häufig so starken Druck auf die Spieler aus, daß die Leistung eher beeinträchtigt und die Unsicherheit erhöht wird. Manche vertreten sogar die Ansicht, daß Spieler nicht aufgrund dieser Technik, sondern trotz Ihrer Anwendung gute Leistungen zeigen. Die Sportler werden mit Hilfe von Worten, Ermahnungen und Bitten oder indem man an ihren Stolz appelliert „psychisch aufgebaut". Bildhafte Vorstellungen des Erfolges führen wahrscheinlich zu besseren Resultaten.

Das Konzept des „mentalen Durchspielens"

McCluggage gibt eine Reihe von Beispielen, die sehr anschaulich zeigen, wie Sportler und Sportlerinnen Bilder verwenden, um Ihre sportliche Betätigung „durchzuspielen".

> Sie erzählt von Mitgliedern des BMW-Rennteams, die still dasitzen, „im Geiste eine bestimmte Rennstrecke fahren, die Ideallinie in den Kurven einüben und sich genau auf die Stellen konzentrieren, an denen sie schalten müssen. Nach jeder ‚mentalen Runde' heben die Fahrer die Hand und der Teamchef stoppt die Zeit. Es ist äußerst bemerkenswert, daß die Zeiten für diese ‚mentalen Runden' den wirklichen Zeiten sehr ähneln."

Während eines Basketballspiels soll ein Spieler einen Freiwurf ausführen. Er konzentriert seinen Blick auf die flache Ellipse, die den oberen Rand des Netzes darstellt. Wenn er den Ball dort „sieht, wie er gleich einem Blatt, das vom Wasser ins Abflußrohr einer Regenrinne gezogen wird, über den Rand fliegt", macht er seinen Wurf und läßt den Ball vom Strom tragen, wie dies bereits in seiner Phantasie geschehen ist.

Die Skifahrerin läßt sich die letzte Fahrt noch einmal durch den Kopf gehen, bei der sie einen Sturz erlitt. Diesen Sturz stellt sie sich ganz lebhaft vor und erkennt, daß sie in einer Kurve zu spät das Gewicht verlagerte, weshalb ihre Skispitzen sich überkreuzten. Dann spult sie den mentalen Film zurück und kehrt zu der Sekunde kurz vor dem Fehler zurück. Sie stellt sich vor, wie sie zur richtigen Zeit das Gewicht verlagert, um die Slalomstange herumfährt und die Kurve schafft. Dies alles tut sie, während sie mit dem Sessellift wieder zum Start zurückkehrt. So eliminiert sie ihren Fehler, ersetzt ihn durch einen Erfolg und ist nun bereit, die nächste Abfahrt voller Selbstvertrauen anzugehen.

Während des Trainings hält der Golfer nach jedem Schlag inne, schließt seine Augen und läßt ihn sich noch einmal wie eine Wiederholung durch den Kopf gehen. Seine Muskeln gehen die Bewegungssequenz noch einmal durch. Er entdeckt den Fehler, als er bemerkt, daß sich seine Schultern im Verhältnis zur Hüfte verdreht haben. So erhält er eine eindeutige Rückmeldung darüber, was er zur Verbesserung seiner Technik tun muß.

Viele Champions geben an, Bewegungsabläufe mental durchzuspielen. Golfer wie Jack Nicklaus und Gary Player haben beschrieben, daß sie den Ball zunächst vor ihrem geistigen Auge an der gewünschten Stelle landen sehen und sich vorstellen, wie er vom Boden abspringt. Sie stellen sich den Bogen vor, den er in der Luft beschreibt, den Bewegungsablauf des Schlages und den Augenblick, in dem der Ball den Boden verläßt. Dann verbinden Sie diese Bilder in der korrekten Reihenfolge, bevor Sie den Schlag schließlich ausführen.

Von Chris Evert, der Tennisspielerin, sagte man, sie übe ein bevorstehendes Match mental ein und konzentriere ihre Aufmerksamkeit auf die Strategie des Gegners. Dann stellte sie sich vor, sie würde mit ihrer eigenen Attacke kontern, um diese Strategie zu untergraben. Um die Lebhaftigkeit der Vorstellungen zu erhöhen, versetzte sie sich in einen angenehm entspannten Zustand.

Mentales Rehearsal

Obwohl sich das Konzept des mentalen Durchspielens einer Sportart in mehrere, separate Komponenten analysieren läßt, kann es doch in den meisten Fällen als mentales Rehearsal bezeichnet werden. Die Vorstellungen von Chris Evert und Jack Nicklaus zeigen dies auf anschauliche Weise. Diese Sportler üben das korrekte Verhalten stets mental ein und stellen sich ein erfolgreiches Match vor. Wenn man sich einen Fehler auf diese Art und Weise vorstellt, bedeutet dies, Fehlhandlungen und all die sie begleitenden negativen Emotionen zu verstärken. Der Golfer, der sich vor dem Schlag darauf konzentriert, die Sandgrube zu vermeiden, konzentriert sich eigentlich auf etwas, das er nicht machen darf. So bereitet er seinen Körper darauf vor, das zu tun, was er vermeiden will. Auch der Tennisspieler, der sich vergegenwärtigt, daß er den Ball nicht auf den Mann spielen darf, wird dann genau dies tun. Er hat mental einen Fehler eingeübt. Konzentrieren Sie sich also darauf, was Sie tun wollen und üben Sie mental nur die erwünschten Handlungen ein.

Denken Sie an Erfolge – beim Fußball, beim Tennis, beim Wettlauf oder beim Golf. Gehen Sie mental die korrekten Bewegungsabläufe und Strategien durch. Sie sollten dies sehr oft tun, damit sich eine Art „Overlearning" einstellt und Sie Ihr Unbewußtes so konditionieren, daß Sie unter Leistungsdruck automatisch richtig reagieren.

In dem Buch „Sports Psyching" geben Tutko und Tosi (1976) eine detaillierte Anleitung zum mentalen Rehearsal. Fünf Schritte sollten befolgt werden.

Fünf Schritte des mentalen Rehearsal (Tutko & Tosi, 1976)

* Studieren Sie die Bilder genau.
Besorgen Sie sich eine Reihe von Photographien oder Zeichnungen einer bestimmten Sportart, die Sie einüben wollen. Wenn dies nicht möglich ist, schreiben Sie sich alle wichtigen Details so genau wie möglich auf. Worte sind jedoch lange nicht so wirksam wie Bilder.
* Stellen Sie sich die Sequenzen in Zeitlupe vor.
Schließen Sie die Augen und stellen Sie sich vor, Sie würden die Sequenzen in Zeitlupe durchlaufen. Schenken Sie den wichtigsten Bewegungskomponenten in jedem Stadium der Sequenz besondere Aufmerksamkeit. Wie ist die Stellung Ihrer Füße? Was machen Ihre Beine und Ihre Hüften? Wo befindet sich Ihr Kopf? Wie halten Sie den Schlä-

ger? Stellen Sie sich die begleitenden Körperempfindungen vor. Wie fühlt sich jeder Körperteil an? Konzentrieren Sie sich auf das Spiel. Sehen Sie zum Beispiel, wie der Ball vom Abschuß bis ins Ziel fliegt.

* Studieren Sie die Sequenz erneut und stellen Sie sich die Bewegungsabläufe noch einmal vor.
  Schauen Sie sich die Liste oder die Bilder noch einmal an. Haben Sie etwas vergessen oder falsch gemacht? Wenn dies der Fall ist, korrigieren Sie es. Gehen Sie noch einmal mit geschlossenen Augen durch die Bewegungsabfolge.
* Wiederholen Sie die Sequenz fünfmal noch detailgetreuer.
  Lassen Sie die Szene vor Ihrem geistigen Auge noch einmal in Zeitlupe ablaufen. Öffnen Sie dann Ihre Augen und gehen Sie die Bilder oder die Liste noch einmal durch. Wiederholen Sie das Vorgehen noch detailgetreuer. Gehen Sie die Liste erneut durch. Tun Sie dies fünfmal. Wenn Sie ganz langsam, detailliert und ohne Fehler vom Anfang bis zum Ende durch die Bewegungssequenz gehen können, haben Sie sich sehr effektiv konditioniert. Vielleicht benötigen Sie eine ganze Menge Übung und Sie sollten sich nicht unter Druck setzen, es gleich beim ersten Mal zu schaffen.
* Stellen Sie sich den Bewegungsablauf zehnmal in normaler Geschwindigkeit vor.
  Schließen Sie Ihre Augen und stellen Sie sich vor, Sie würden die Sequenz in normaler Geschwindigkeit durchlaufen. Sie sind so gut wie nie zuvor. Öffnen Sie Ihre Augen und schauen Sie sich noch einmal die Notizen an. Gehen Sie die Sequenz nochmals durch. Gratulieren Sie sich selbst zu dieser hervorragenden Leistung. Dann wiederholen Sie dieses Vorgehen zehnmal.

Diese Methode mag recht zeitaufwendig erscheinen, wenn Sie sie jedoch im Griff haben, läßt sich alles in etwa zehn Minuten bewerkstelligen. Viele Sportler und Sportlerinnen sind der Meinung, daß sich die Zeit lohnt. Untersuchungen mit Schachspielern haben zum Beispiel gezeigt, daß sich Großmeister das Schachbrett nicht notwendigerweise besser vorstellen können als schlechtere Spieler. Sie haben auch nicht unbedingt ein besseres Gedächtnis. Die Champions haben jedoch – sei es im Geiste oder in der Realität – viel mehr Übung mit Hunderten von Zügen und Gegenzügen. Sie haben so häufig jede Strategie ausprobiert und soviel Erfahrung mit jeder Stellung, daß sie in einer Problemsituation fast instinktiv mit dem richtigen Gegenzug reagieren, den sie sich durch Overlearning eingeprägt haben. Ein großer Teil ihres Könnens ist das Resultat mentaler Übung. Vielleicht machen sie den Zug sehr schnell und anscheinend ohne nachzudenken. Viele Gedanken sind in dieser Situation gar nicht notwendig. Das Verhaltensmuster haben sie sich unbewußt eingeprägt und sind jederzeit bereit, es in einer Partie auszuführen.

Peter Waterman hat auf ähnliche Weise seine Technik des Einlochens verbessert. Früher war dies seine größte Schwäche im ganzen Spiel, heute ist es seine Spezialität. Er hat sich so oft vorgestellt, erfolgreich einzulochen, daß ihm dieses mentale Rehearsal dabei geholfen hat, auch im Match sein Ziel zu erreichen. Peter hat ein wenig nachgeholfen, indem er sich bei der Berechnung des Schlages vorstellt, daß das Loch immer größer wird. Wenn er den Schlag schließlich ausführt, ist das Loch so groß, daß er es eigentlich gar nicht mehr verfehlen kann. Er hat sich dies so häufig vorgestellt, daß er das Loch beim Golfspielen automatisch größer werden sieht, auch wenn er es gar nicht beabsichtigt.

Peter hat auch noch einen anderen mentalen „Trick", um sein Spiel zu verbessern. Wenn er wie vor jedem Match den Ablauf des Spieles im Geiste durchgeht, stellt er sich jedes Loch vor, als wäre es das erste. Er beginnt also jedesmal aufs neue. Indem er diese Idee in sein mentales Rehearsal miteinbaut, gelingt es ihm, sie fast automatisch auf das wirkliche Spiel zu übertragen. Dies entlastet ihn sehr, denn jedes Problem hat eine Vergangenheit und eine Zukunft. Indem er die Vergangenheit eliminiert und die Zukunft verändert, hat Peter schon zwei Drittel des Problems gelöst. Wenn er jedes Loch als das erste betrachtet, sorgt er sich nicht um die Vergangenheit. Die Zukunft hat er so verändert, daß sie nur aus positiven Erwartungen besteht.

Die Aufwärmphase vor dem Spiel

Peter spielt im Geiste eine Aufwärmrunde. Tutko und Tosi schlagen als Vorbereitung für den Wettkampf ein komplexeres Vorgehen in fünf Schritten vor. Je nachdem, wieviel Zeit man ihr widmen möchte, dauert die Prozedur zwischen drei und zwanzig Minuten. Sie kann in der Umkleidekabine auf einer Bank oder während des Wartens auf dem Sportplatz durchgeführt werden.

Vorbereitung für den Wettkampf (Tutko & Tosi, 1976)

* Lockerung
  Spannen Sie kurz die Bein- und die Gesäßmuskeln, die Oberschenkel, die Bauchmuskeln, die Rücken-, Hals-, Arm-, Schulter-, Kiefer-, Gesichts- und Augenmuskeln an. Nach einer kurzen Anspannungsphase entspannen Sie all diese Muskeln wieder.
* Freies Durchatmen
  Atmen Sie ein und halten Sie Ihren Atem an, während Sie bis vier zählen. Nun atmen Sie langsam aus und sagen zu sich selbst: „Frei durchatmen … frei durchatmen … frei durchatmen.“ Dies können Sie zwei- bis fünfmal wiederholen.
* Bleiben Sie am Ball
  Schauen Sie ein Objekt an, das Sie sich als Fokus Ihrer Aufmerksamkeit ausgesucht haben. Der Tennisspieler wird vielleicht einen Tennisball verwenden, der Basketballer den Korbrand, der Baseball- oder Kricketspieler einen Schläger und der Leichtathlet seine Schuhe. Während Sie sich auf dieses Objekt konzentrieren, wiederholen Sie immer wieder seinen Namen: „Ball … Ball … Ball“, oder „Schläger … Schläger … Schläger … “ Halten Sie diese Konzentration eine Minute lang aufrecht.
* Mentales Rehearsal
  Schließen Sie Ihre Augen und stellen Sie sich die Spiele vor, die Sie machen werden. Sehen Sie in Zeitlupe, wie Sie erfolgreich abschneiden. Obwohl Sie nicht alles vorwegnehmen können, lassen sich doch die grundlegenden Bewegungsabläufe einstudieren.
* Physisches Rehearsal
  Diese Art des Einstudierens von Bewegungsabläufen läßt sich vielleicht am besten ohne die Anwesenheit anderer durchführen, bevor man auf das Spielfeld geht. Sie kann jedoch auch während des Aufwärmens praktiziert werden. Tun Sie so, als handele es sich um Schattenboxen. Gehen Sie zunächst mit geschlossenen und dann mit geöffneten Augen die Grundbewegungen durch – einmal in Zeitlupe, einmal mit normaler Geschwindigkeit.

Mentales Rehearsal kann sich als ausgesprochen nützlich erweisen, hilft Ihnen jedoch nur weiter, wenn Sie bereits die grundlegenden Fähigkeiten erlernt haben. Sie müssen wissen, was Sie einstudieren wollen. Wenn Sie keine Ahnung davon haben, was Sie richtig machen müssen, können Sie es auch nicht üben – weder real noch mental. In diesem Fall werden Sie lediglich Ihre Fehler vertiefen. Sobald Sie jedoch die Grundlagen beherrschen, beschleunigt das mentale Rehearsal Ihre Fortschritte über das Maß hinaus, das lediglich mit körperlicher Übung erreichbar wäre.

Dies zeigte sich auch bei einem Experiment mit drei Gruppen von Kindern, die die Grundlagen des Seilspringens erlernt hatten. Jede dieser Gruppen wurde anders behandelt. Gruppe eins übte regelmäßig weiter, Gruppe zwei führte keine körperlichen Übungen mehr aus, ging aber die einzelnen Schritte immer wieder im Geiste durch. Die andere Gruppe übte weder körperlich noch mental und ging Aktivitäten nach, die nichts mit Seilspringen zu tun hatten. Einige Wochen später wurden alle drei Gruppen einem Test unterzogen. Gruppe eins schnitt am besten ab, Gruppe zwei, die nur mental geübt hatte, erzielte jedoch fast ebenso gute Resultate und war weitaus besser als Gruppe drei.

Verändern Sie den Film

Mentales Rehearsal kann als eine Art *Filmvorführung vor dem geistigen Auge* beschrieben werden. Hierbei können die oben beschriebenen Methoden zur Anwendung kommen. Es kann aber auch nur darum gehen, sich einfach an Einzelheiten im Zusammenhang mit Ihrer besten sportlichen Leistung zu erinnern. Denken Sie daran, wie Sie sich fühlten und was Sie taten und lassen Sie sich diese Einzelheiten mehrmals wie einen mentalen Film durch den Kopf gehen. Wenn Sie Fußball spielen, sehen Sie Ihre besten Schüsse, Pässe und Angriffe, so daß Ihr Unbewußtes konditioniert wird, diese Sequenzen in jedem Spiel zu wiederholen.

Sie können Ihre Filme auch verändern. Ohne es zu wissen, wiederholen wir ständig mentale Filme unserer früheren schlechten sportlichen Leistungen. Dies untergräbt unser Selbstvertrauen und programmiert unser Unbewußtes, dieselben Fehler erneut zu produzieren. In dem Buch „The Centered Skier" beschreibt McCluggage eine Übung, um diese Tendenz durch das „Zurechtschneiden" von Filmen aus der Kindheit zu beseitigen.

> Die Teilnehmer ihrer Gruppe legten sich auf den Boden, entspannten sich, atmeten frei durch und waren aufnahmefähig für alles, was kommen würde. Sie bat sie darum, sich an ein sportliches Ereignis in ihrer Kind-

heit zu erinnern, und zwar an einen vollkommenen Fehlschlag. Vielleicht hatten Sie einmal ihre Mannschaft im Stich gelassen, den allerletzten Platz in einem Wettlauf belegt oder wurden in einem Tennisspiel haushoch geschlagen.

McCluggage hielt die Teilnehmer dazu an, sich den Film dieser absoluten Niederlage in Zeitlupe anzuschauen und alle begleitenden Emotionen wiederzuerleben. Es handelte sich zumeist um Enttäuschung, Verzweiflung, Ekel, Ärger, Frustration und andere negative Gefühle. Dann schlug sie vor, die Teilnehmer sollten den Film noch einmal anschauen und ihn durch die Veränderung einiger Szenen so umgestalten, daß die Katastrophe in einen Triumph verwandelt wird. Diesmal retten sie die Mannschaft, ziehen beim Wettlauf an den anderen Sportlern vorbei, spielen hervorragendes Tennis und gewinnen mit Leichtigkeit das Match. Als die Teilnehmer den Film umgestaltet hatten, sollten sie die begleitenden Emotionen dieses Erfolges ganz bewußt erleben und die Freude des Gewinners genießen.

Es ist tatsächlich möglich, in die Vergangenheit zurückzugehen um Fehlschläge in Erfolge umzuwandeln. Es ist auch möglich, eine Art „do-it-yourself"-Desensibilisierung auszuführen, um die von vergangenen Mißerfolgen herrührenden Ängste zu beseitigen. Oft bleibt bei Athleten, die einmal verletzt waren, eine gewisse Angst vor weiteren Verletzungen zurück, was ihnen Spitzenleistungen unmöglich macht. Ich kenne eine Reihe von Turmspringern, die dieses Problem haben. Vielleicht ist ihnen einmal beim Absprung ein Fehler unterlaufen und sie sind unglücklich auf der Wasseroberfläche aufgekommen. Die Erinnerung an diese Schmerzen verringert ihr Selbstvertrauen. Ihre Sprünge werden unsicherer und die Wahrscheinlichkeit erneuter Fehler steigt.

Eine der Turmspringerinnen, Lyn Ross, verwendete sehr erfolgreich eine systematische Desensibilisierung, um die Angst zu überwinden und den Film eines besonders unglücklichen Sprunges, den sie ständig vor ihrem geistigen Auge sah, vollkommen umzugestalten. Die Hierarchie, die Lyn sich konstruierte, sah wie folgt aus:

* Sie hört im Radio eine Sportreportage über die Ergebnisse eines Turmspringwettbewerbs.

* In einer Illustrierten sieht sie das Photo eines Mädchens, das auf einem niedrigen Sprungbrett steht.
* Sie hört, wie sich Leute über die Höhe von Sprungtürmen unterhalten.
* Sie wohnt einem Turmspringwettbewerb als Zuschauerin bei.
* Sie steht vor der Leiter, die zum Sprungturm hinaufführt.
* Sie steht auf dem hinteren Teil des Sprungbretts,
* Sie geht nach vorne und ist bereit zum Sprung,
* Sie steht am vorderen Rand des Brettes in Position,
* Sie springt ab, fliegt durch die Luft und taucht sanft ins Wasser ein.

Lyn stellte sich die erste Szene im tief entspannten Zustand vor. Sobald ihr dies ohne eine Spur von Angst gelang, ging sie zum nächsten Schritt über. Wenn sie Angst verspürte, konzentrierte sie sich auf ihren Atemrhythmus und folgte ihm, bis sie sich beruhigt hatte. Dann kehrte sie zu ihrer Hierarchie zurück. Nicht allzu lange Zeit später gelang es ihr, sich ohne jegliche Angst vorzustellen, vom Turm hinunterzuspringen.

Mit Hilfe unserer Phantasie lassen sich Ängste aller Art überwinden. Wir haben auch gesehen, wie unsere Vorstellungskraft unser Leben auf viele andere Arten bereichern kann, uns Kontrolle vermittelt und Genuß verschafft. Die Phantasie ist vielleicht ein zweischneidiges Schwert, wenn wir sie jedoch positiv gebrauchen, kann sie unser Leben verändern. Ich hoffe, daß die in diesem Buch enthaltenen Ideen Ihnen dabei helfen, diese Veränderungen herbeizuführen.

Über den Autor

Nach Abschluß des Studiums der Psychologie an der Universität Melbourne war Harry Stanton acht Jahre lang Lehrer an höheren Schulen und hielt fünf Jahre lang Vorträge in Lehrerbildungsanstalten. In den letzten 20 Jahren lehrte er an der University of South Australia und an der Universität von Tasmanien und ist dort zur Zeit Consultant on Higher Education. Des weiteren ist er in beratender Funktion für Firmen und für den öffentlichen Dienst tätig und arbeitet in freier Praxis als klinischer Psychologe und Sportpsychologe.

In Laufe seiner Berufslaufbahn hat er sich darauf spezialisiert, Leuten zu helfen, sich sicherer in ihren Fähigkeiten zu fühlen und dadurch mehr Erfolg zu erlangen. Er führte zahlreiche Workshops und Seminare nicht nur für akademische Fachleute durch, sondern auch für Personen aus dem Management, für Angestellte, Lehrer, Sportler; er unterwies sie darin, ihre persönliche Effektivität zu verbessern.

Dr. Harry Stanton ist der Autor von über 160 Artikeln aus den unterschiedlichsten Bereichen, die sich aus der Zusammenarbeit mit den vorgenannten Personengruppen ergeben. Seine besondere Spezialisierung ist die verhaltenstherapeutische Arbeit mit Innenbildern, Suggestionen und Hypnose.

Er ist Autor der folgenden vier Bücher:

Helping Students Learn (1978), The Plus Factor: A Guide To Positive Living (1979), The Healing Factor: A Guide To Positive Health (1981) und The Stress Factor: A Guide To More Relaxed Living (1983).

Danksagungen

Außer den im Text erwähnten Personen gilt mein besonderer Dank meiner Familie, meinen Patienten, Studenten und Kollegen, die mich an ihren Phantasien teilhaben ließen und mir erzählten, wie sie von diesen Vorstellungen profitieren konnten. Auch Sylvia Murrell möchte ich für ihre Assistenz bei der Anfertigung des Manuskriptes meinen Dank aussprechen.

Literatur

Ahsen, A. (1977). Psycheye. New York: Brandon House.

Bandler, R. & Grinder, J. (1979). Frogs into princes. Moab, Utah: Real People Press.

Clavell, J. (1975). Shogun. London: Hodder & Stoughton.

Friday, N. (1973). My secret garden. Women's sexual fantasies. New York: Pocket Books.

Friday, N. (1980). Men in love. Their secret fantasies. London: Arrow Books.

Gallwey, T. (1976). Inner tennis. New York: Random House.

Gibbons, D. (1973). Beyond hypnosis. Explorations in hyperempiria. South Orange: N.J.: Power Publishing.

Gibbons, D.E. (1979). Applied hypnosis and hyperempiria. New York: Plenum Press.

Grinder, J. & Bandler, R. (1981). Trance-formations. Moab, Utah: Real People Press.

Houston, J. (1982). The possible human. Los Angeles: J.P. Tarcher.

Jaffe, D.T. (1980). Healing from within. New York: Alfred A. Knopf.

Jencks, B. (1974). Respiration for relaxation, invigoration and special accomplishments. Utah: Jenks.

Joy, B. (1979). Joy's way. Los Angeles: J. P. Tarcher.

Luthe, W. (ed.) (1967). Autogenic therapy. New York: Grune & Stratton.

McCluggage, D. (1977). The centered skier. Waitsfield, Vermont: Vermont Crossroads Press.

Morris, F. (1979). Hypnosis with friends and lovers. San Francisco: Harper and Row.

Phillips, A. (1981). Transformational psychology. New York: Elsevier.

Rhinehart, L. (1976). The Book of EST. London: Sphere.

Sheikh, A. A. & Shaefer, J.T. (eds.) (1979). The potential of fantasy and imagination. New York: Brandon House.

Shorr, J.E. (1972). Psycho-imagination therapy. New York: Intercontinental Medical Book.

Singer, T.J. & Switzer, E. (1980). Mind play. Englewood Cliffs, N.J.: Prentice-Hall.

Stanton, H.E. (1979). The plus factor. A guide to positive living. Sydney: Fontana/Collins.

Stanton, H.E. (1981). The healing factor. A guide to positive health. Sydney: Fontana/Collins.

Stanton, H.E. (1983). The stress factor. A guide to more relaxed living. Sydney: Fontana/Collins.

Torrey, E.F. (1972). The mind game. New York: Emerson Hall.

Tutko, T. & Tosi U. (1976). Sports psyching. Los Angeles: J.P. Tarcher.

Weatherhead, L.D. (1952). Psychology, religion and healing. London: Hodder & Stoughton.